Saggi

SEBASTIANO BARISONI

Terra incognita

Una mappa per il nuovo orizzonte economico

SOLFERINO

SOLFERINO

www.solferinolibri.it

ISBN 978-88-282-0543-2
Prima edizione: dicembre 2020

Terra incognita

A Federico e a tutti i suoi coetanei
per i quali non esiste alcun mondo nuovo
essendo questo l'unico mondo
che hanno mai conosciuto.

Introduzione

Ma quando passa questa crisi? I volti e gli sguardi delle persone in sala, in fondo, volevano sempre sapere questo. E non importava in quale parte dell'Italia mi trovassi e quale fosse il tema specifico del convegno. E sì che le crisi, quella vera e finanziaria del 2008 e quella tutta europea del 2011-2012, erano passate da alcuni anni, le principali economie avevano raggiunto i livelli precrisi e anche laddove non vi si era riusciti, come in Italia, molte delle imprese che incontravo avevano fatturati ormai superiori al 2008, seppure soprattutto grazie all'export. Ciononostante, lo sguardo era sempre quello e anche le domande che facevano seguito. Iniziai allora a riflettere su quale fosse il reale significato della domanda che non si giustificava solo con i numeri, anzi, andava evidentemente al di là dei numeri e dei bilanci. Non si voleva sapere semplicemente quando il fatturato sarebbe tornato al livello precrisi, ma più profondamente quando saremmo tornati a vivere e ad agire come prima del 2008, quando insomma saremmo tornati al mondo di prima.

Era un atteggiamento più culturale che economico, nascondeva più nostalgia che calcolo, rasentando quella che Zygmunt Bauman ha chiamato retrotopia, ossia quasi un rifiuto del futuro e un'utopizzazione del passato che viene eletto a luogo ideale. Il passato come unico futuro possibile, il mondo conosciuto come unica terra all'orizzonte. E allora negli ultimi anni ho cercato di capire da dove nascesse questo atteggiamento che, per inciso, vedeva in un nostalgico desiderio di ritorno a «quando c'era la lira» la sua manifestazione più viscerale, e mi sono convinto che l'incongruenza di fondo tra l'andamento dei fatturati e la nostalgia retrotopica fosse dovuta a una profonda incomprensione: non stavamo parlando di una crisi, ma di una rivoluzione. I volti e gli interrogativi non mostravano angoscia per la pur pesante tempesta che si era abbattuta in mari conosciuti, ma per la sensazione che al suo diradarsi ci si fosse trovati in acque e terre incognite. Era l'ansia da incertezza, non il timore del rischio, a modellare quei volti.

Solo ragionando sul concetto di rivoluzione e non di crisi si riusciva infatti a interpretare i comportamenti e soprattutto i sentimenti delle persone che avevo di fronte o che scrivevano alla radio. Per dirla con il filosofo Thomas Kuhn, le rivoluzioni si distinguono sempre in quanto distruggono i paradigmi esistenti, e più avanti identificherò le peculiarità di ogni rivoluzione attraverso tre «i»: sono irreversibili (con buona pace dei nostalgici), indistinte (a differenza della crisi) e soprattutto imprevedibili (per quanto ne dicano alcuni spacciatori di futuro, le conseguenze e il portato si capiscono solo alla fine).

Da qui l'idea che ci trovassimo in una terra incognita dell'economia, dove le mappe diventano sempre più approssimative e gli orizzonti si accorciano. Infatti, se c'è una cosa che ho capito in questi anni, è che le rivoluzioni accorciano il futuro, nel senso che la loro imprevedibilità sull'esito finale ci porta a immaginare solo un orizzonte a breve distanza. Si naviga a vista proprio come quando la costa è sconosciuta.

Restava da capire che cosa avesse scatenato questa rivoluzione: non poteva certo essere la crisi finanziaria, perché era stata «solo» una crisi e al massimo aveva funto da acceleratore, non da causa determinante. La risposta che più comunemente veniva fornita dal dibattito economico e anche politico era che la rivoluzione in corso fosse stata generata dalla globalizzazione, se per globalizzazione intendiamo quel processo di accelerazione degli scambi commerciali e di riallocazione del lavoro su scala globale che era stato accompagnato da una spinta finanziarizzazione dell'economia, grazie anche a un uso spregiudicato della leva finanziaria. E, se era così, si poteva far risalire simbolicamente l'inizio della globalizzazione al 2001, quando la Cina, con la sua capacità manifatturiera e il basso costo del lavoro, entrava nella Wto, l'Organizzazione mondiale del commercio.

Però c'era qualcosa che non mi tornava. Certo la globalizzazione a cui abbiamo assistito ha avuto un'accelerazione negli ultimi vent'anni e ha creato squilibri non voluti e conseguenze impreviste anche sul piano politico, a partire dal rigetto di alcune fasce sociali che, spesso a ragione, della globalizzazione hanno visto solo le conseguenze negative, poiché l'hanno vissuta come un attacco a uno status quo faticosamente conquistato di generazione in generazione.

Ma possibile che fosse solo lei all'origine di questo senso di spaesamento, di mancanza di punti cardinali e di un cielo dalle costellazioni sconosciute? Possibile che la rivoluzione fosse stata causata da una globalizzazione di merci e persone, per quanto spinta? La storia moderna aveva già conosciuto, nei secoli, ondate di globalizzazioni dei commerci, come verrà ricordato, senza che queste avessero mai creato delle rivoluzioni. La città in cui questo libro è stato concluso, Venezia, ha costruito le fondamenta dei suoi palazzi «globalizzando» le spezie, e lo stesso potremmo dire di Anversa, Amsterdam, Londra o Boston, solo per fare alcuni esempi, e tutte le volte alla liberalizzazione delle merci su scala globale si è accompagnata la finanziarizzazione dei pagamenti, come senesi e fiorentini per primi insegnarono al mondo di allora. Ma mai questo aveva innescato una rivoluzione. Mancava qualcosa.

In realtà, osservando la storia delle rivoluzioni economiche, da quella agricola a quelle industriali, emergeva che la loro causa scatenante era stata non una generica globalizzazione di merci e servizi finanziari, ma che l'elemento *disruptive*, quello che scardinava il mondo precedente, era stato sempre di carattere tecnologico. Ci potevano essere stati degli elementi esterni ad accelerare l'esplosione, ma era la tecnologia la polvere da sparo che aveva fatto scoppiare la rivoluzione economica.

E allora, forse, valeva la pena concentrarsi più sull'elemento tecnologico che su quello «mercantilistico». Forse, al di là delle singole posizioni ideologiche o politiche sulla globalizzazione (se è buona o cattiva dipende da che parte dell'emisfero e della piramide sociale stai), valeva la pena concentrarsi sulla vera rivoluzione a cui la mia generazione aveva assistito negli ultimi venti anni. Non in generale la digitalizzazione dell'economia, ma la diffusione a ogni livello e con ogni strumento del web, della rete.

E qui bisogna intendersi.

Per tutti noi, quando siamo attori economici, il web rappresenta per la prima volta nella storia la possibilità di confrontare l'offerta di beni e servizi su scala globale indipendentemente dal luogo in cui si risiede.

Non era mai successo prima. E questo è un elemento rivoluzionario che giustifica anche quella che ho definito la «schizofrenia» di questa rivoluzione. Da un lato, infatti, per tutti noi consumatori è una rivoluzione bellissima, quando sei al di là dello schermo: offre possibilità mai viste prima e permette al consumatore di avere informazioni maggiori anche rispetto al venditore. In questo modo è il consumatore ad avere il coltello dalla parte del manico, e viene ribaltato l'assunto che il premio Nobel Daniel Kahneman aveva egregiamente descritto con il termine «asimmetria informativa», ossia che l'offerente di un bene o servizio ha sempre avuto, nel passato, più informazioni rispetto all'acquirente di quel bene o servizio (con buona pace del famoso incrocio equilibrato tra domanda e offerta che è esistito solo nella teoria economica).

Ma dall'altro lato, e proprio per quel motivo, questa rivoluzione dettata dal web diventa un incubo quando sei dentro lo schermo, quando sei tu a dover offrire un bene o un servizio e sei soggetto a tutti i confronti algoritmici possibili su scala globale.

Ecco perché parlo di schizofrenia: siamo costanti e entusiastici utilizzatori della rete ogni giorno per le nostre scelte di consumo, però allo stesso tempo odiamo la rete quando distrugge le nostre posizioni di rendita accumulate nel tempo (si prenda come esempio l'agente di viaggi che odia la rete per averlo fatto precipitare in una giungla di confronti con altre offerte, ma contemporaneamente sceglie la macchina con Uber; e, al contrario, il taxista che odia la rete perché permette a Uber di fargli concorrenza, mentre ha appena acquistato un biglietto aereo alla miglior tariffa possibile grazie all'esistenza della rete stessa).

Tuttavia, la conseguenza più importante di questo ribaltamento nel rapporto di forza tra consumatore e venditore, in questa nuova possibilità di confrontare beni e servizi offerti su scala globale indipendentemente dal luogo in cui risiedo, è che per la prima volta posso esercitare un'attribuzione di valore aggiunto sul bene o sul servizio mai vista in precedenza.

Se per valore aggiunto intendiamo, infatti, il valore che io attribuisco a un bene al di là del suo costo intrinseco, la rete, grazie al confronto, permette di porre al centro il valore aggiunto, che viene attribuito molto più correttamente rispetto a prima, quando le offerte che potevo confrontare erano enormemente più limitate anche in base al luogo in cui risiedevo: che si trattasse di un piccolo centro o di grande metropoli faceva una grande differenza, mentre la rete, per parafrasare Joshua Meyrowitz, ha distrutto il senso del luogo.

Il valore aggiunto diventa allora uno dei punti cardinali con cui ci muoviamo in questa terra incognita. Giampaolo Fabris parlava di una neosobrietà che andava a sostituire l'epoca dei «bisogni indotti» degli anni Ottanta e Novanta, e non a caso verranno citati i ventenni di adesso, veri rabdomanti del valore aggiunto, per i quali non esiste alcun mondo nuovo a cui riadattarsi perché il mondo del web, del confronto – il mondo attuale – è l'unico mondo da loro conosciuto.

Ma in un mondo nuovo, in una terra incognita di cui la centralità del valore aggiunto è uno dei pochi elementi visibili, sarebbe sbagliato, a mio avviso, pensare che tutto venga deciso dall'algoritmo e che noi si debba essere soggetti solo passivi di una scelta fatta dal consumatore al di là dello schermo.

Diventa invece più importante capire quale sia il valore aggiunto che tu puoi esprimere, dove ti collochi: vuoi essere solo scelto in base al prezzo o alla prossimità o il tuo valore aggiunto è altro?

A questo proposito verrà fatto notare che uno dei grandi limiti della rete è la sua incapacità di empatia: nonostante tutti gli sforzi per profilare il «cliente», il risultato è ancora grezzo. Provate per esempio a cercare sul web «ristorante romantico a Venezia»: i risultati saranno tanti, ma poco utili, visto che il termine «romantico» è altamente soggettivo. Finiremo con il chiedere consigli ad amici simili a noi, e della cui capacità empatica ci fidiamo. Quella consulenza sarà valore aggiunto allo stato puro e dovrebbero ricordarselo tutti quelli che hanno scambiato la consulenza, e l'empatia che essa prevede, con una mera operazione di collocamento di un prodotto (ogni riferimento al mondo assicurativo e finanziario è voluto).

L'empatia come valore aggiunto per «battere» la rete o non essere scelti solo dalla rete è dunque un altro dei pochi riferimenti in questa mappa provvisoria e mi conforta sapere da quello che è considerato il padre del microchip, Federico Faggin, che la cosiddetta intelligenza artificiale è ancora molto lontana dallo sviluppare una capacità empatica, ossia di immedesimazione nell'altro, anche vagamente simile a quella dell'essere umano.

Si è detto della imprevedibilità delle rivoluzioni nelle loro conseguenze finali e quindi mi asterrò da qualunque previsione sull'esito della quarta rivoluzione industriale (la rivoluzione 4.0, come è stata efficacemente definita). Visti però i pochi punti cardinali individuati e la difficoltà di navigare in mari sconosciuti, a mio avviso è fondamentale che la nave sia gestita con la massima efficienza, sacrificio e meritocrazia possibile nell'equipaggio: l'errore di un membro, qualunque sia la sua funzione, rischia di far naufragare la nave intera, e scegliere un certo nostromo solo perché figlio dell'armatore, se tollerabile quando le rotte erano note, diventa esiziale di fronte all'ignoto. Allo stesso modo, diventa sempre meno giustificabile la sperequazione tra la paga del capitano e quella dei marinai, vista l'importanza della funzione di ogni singolo membro (ogni riferimento ai superbonus dei supermanager della superfinanza è anche qui voluto).

Un ultimo elemento da prendere in considerazione mi sembra essere la dimensione della nave. In un Paese dove il 95 per cento delle imprese è di dimensioni piccole o medie spesso ho raccolto il timore che questa rivoluzione e la traversata che comporta siano appannaggio solo dei grandi vascelli, le multinazionali, le *corporate* titaniche. Non vi è però nessun elemento empirico per dire che la traversata in mari sconosciuti verrà realizzata solo da imbarcazioni imponenti: le prime quattro società per capitalizzazione a Wall Street non solo non erano mai state multinazionali, ma non esistevano proprio quindici anni fa, eppure hanno scalzato dal podio colossi come Ibm o General Electric. Mi sembra che, se non si vuole cadere nel vittimismo italico di chi trova una scusa per non giocare la partita, sia bene tenere in mente il processo selettivo di darwiniana memoria: quando c'è un cambiamento, sopravvive non la specie più grossa, ma quella che meglio si adatta al mutare delle circostanze esterne.

E qui mi sembra che l'Italia se la possa giocare culturalmente prima ancora che economicamente: siamo, per natura, tra le «specie economiche» più capaci da un punto di vista adattivo, abili a reinventarsi e a modificare in corso d'opera i programmi e i modelli di business. Il tutto, però, a patto che ci ricordiamo quanto detto sopra sull'equipaggio: tutti devono lavorare insieme e il merito deve essere premiato. Su questo c'è purtroppo molto lavoro da fare e dobbiamo farlo da soli, nessuno ci può aiutare. «Questa volta occorre essere bravi anche nello scritto oltre che nell'orale» ripeteva costantemente il finanziere Giovanni Svetlich.

Mentre questo libro sta per andare in stampa, osservo le deserte fondamenta veneziane dove scure briccole sorvegliano la laguna come solitari guardiani. La città si è rarefatta ed è solo una delle molteplici conseguenze della crisi innescata dal Coronavirus. Difficile capire quali saranno gli effetti finali di questa epidemia e, detestando gli spacciatori di previsioni, non mi metterò certo io a fare il pusher futurologo.

Trovo però stucchevole e fuori luogo una certa retorica tra il millenarismo e il passatismo (di nuovo la retrotopia) che, con un *penitenziagite* autoassolutorio, tende a dire: «Ce lo siamo meritato, il Coronavirus, non potevamo andare avanti così». Senza mettere in dubbio che vi fossero in atto una doverosa riflessione e un ripensamento sulla sostenibilità ambientale e compatibilità ecologica del nostro modello di sviluppo a partire dai cosiddetti Paesi emergenti (Cina, India e Brasile in testa), faccio sommessamente notare che questa crisi non ha origini economiche. A differenza di quella da eccesso di leva finanziaria del 2008 e quella da sovrapproduzione, indebitamento e shock borsistico del 1929, la crisi attuale non ha origini né finanziarie né economiche e non mi sembra che l'economia europea e globale si trovasse a febbraio in una bolla finanziaria o produttiva. Se il motore si è fermato, non è stata colpa questa volta di un malfunzionamento del motore stesso: non ha ingrippato ed è pronto a ripartire.

Ma, per tornare alla distinzione iniziale, a fare veramente la differenza sarà se quella causata dal Coronavirus resterà, per quanto forte, una crisi o se, al contrario, un insieme di comportamenti economici innescati dalla crisi, ma resi possibili dalla tecnologia, si tradurranno in mutamenti culturali, diventando così strutturali e trasformando la crisi in una rivoluzione.

Se si verificasse la seconda eventualità, vorrei ricordare a chi entusiasticamente parla di nuove prospettive catartiche (si veda l'enfasi da parte di alcuni sociologi per un modello di smart working molto intenso e da adottarsi in quattro e quattr'otto con conseguente modifica repentina dei centri urbani), che le rivoluzioni non sono mai cene di gala (e Lenin lo sapeva bene) e che, per ridurre il numero di morti e feriti che inevitabilmente portano con sé, la variabile temporale è quella che fa la differenza: il tempo che si dà al sistema per riadattarsi determina la profondità delle cicatrici.

Solo il tempo potrà, quindi, offrire una risposta, ma mi auguro che aver cercato di analizzare quanto accaduto negli ultimi anni in una logica di crisi *vs* rivoluzione, di terra conosciuta rispetto a terra incognita, possa aiutare la comprensione degli eventi futuri, fermo restando che questo libro va letto più come un diario di viaggio che come una serrata analisi da economista, perché si ispira più a Pigafetta che a Keynes.

PRIMA PARTE

Il mondo conosciuto

Finsbury Square
(Cantico nostalgico della globalizzazione)

Finsbury Square era bellissima quella mattina di inizio gennaio e così bella non sarebbe più stata. Perché, dite quello che volete della globalizzazione, i nostri vent'anni sono stati bellissimi. Lo dico a chi ha vent'anni adesso e nulla ha visto, o poco ricorda, del vecchio mondo, essendo stato bambino quando ormai stava scomparendo all'orizzonte, ed essendo diventato adulto nella nuova e ancora inesplorata terra. A questi ventenni vorrei rivolgermi, perché sappiano che c'è stata un'epoca in cui contaminarsi era un valore culturale e non un pericolo sanitario, in cui il diverso era sinonimo di arricchimento e non una minaccia alla propria identità, in cui ciò che arrivava da fuori era considerato sempre una novità positiva e non un'invasione del tuo spazio vitale, in cui si aprivano scenari inediti e sconosciuti, promesse di «magnifiche sorti e progressive» con una narrazione che non temeva di essere smentita.

Era il 1995 ed era l'inizio di quella che avremmo chiamato globalizzazione, un sostantivo che allora aveva una connotazione positiva.

Finsbury Square, dunque, era bellissima quella mattina di inizio gennaio, e anche le nuvole che arrivavano veloci dalla Cornovaglia senza incontrare ostacoli non riuscivano a oscurare la luminosità dei grattacieli e dei palazzi che delimitavano quel punto di riferimento nel cuore della City londinese, nel cuore europeo della nascente globalizzazione. Certo, non si veniva da un periodo di rose e fiori né in Gran Bretagna né in Italia. Il nostro Paese aveva conosciuto, negli anni precedenti, non solo la sfida della mafia allo Stato, l'assassinio di Falcone e poi Borsellino, la strategia della tensione mafiosa con le bombe a Firenze, Roma e Milano e il progressivo disfacimento della cosiddetta Prima Repubblica e dei partiti che l'avevano rappresentata. Anche dal punto di vista economico erano stati dolori: alla fine dell'estate del '92 la lira era uscita dal Sistema monetario europeo (Sme), il cordone che doveva limitare l'oscillazione tra i cambi delle diverse valute che ne facevano parte (per la lira la banda di oscillazione consentita era tra un più e un meno 6 per cento). I timori di un debito sempre meno sostenibile avevano creato, dal giugno di quell'anno, una fuga di capitali e il conseguente crollo della lira fino a quel mercoledì definito «nero», quel 16 settembre in cui le banche centrali italiana e inglese non riuscirono più a mantenere la svalutazione nei margini previsti e la lira e la sterlina furono costrette a uscire dallo Sme con un'ulteriore forte svalutazione. So che ai ventenni di ora, nati con l'euro, può sembrare preistoria, ma io quel giorno mi trovavo in Spagna per concludere la tesi di laurea e ricordo benissimo la sensazione da paria che provai quando, entrando in banca per cambiare lire in pesos, lessi un cartello scritto a penna a caratteri cubitali HOY NO CAMBIAMOS LIRAS. Te le potevi tenere in tasca le tue lire, quel giorno, tanto nessuno le avrebbe accettate. La prossima volta che qualche «matusa» o politico smemorato vi ricorderà quanto si stava bene con la «liretta», potrete chiedergli dov'era il 16 settembre del 1992 e dove si trovava due mesi prima, quando il governo di Giuliano Amato, nella notte di venerdì 10 luglio, all'improvviso operò un prelievo forzoso del 6 per mille da tutti i conti correnti e varò la manovra più grande del Dopoguerra, pari a 100 miliardi di lire, per salvare l'Italia dalla bancarotta.

No, non erano stati solo rose e fiori gli anni precedenti, ma ora tutto sembrava diverso.

Finsbury Square era bellissima quella mattina, e anche Londra sembrava voler dimenticare un periodo difficile e deprimente: era come se, dismessi gli abiti austeri, si stesse preparando a celebrare con paramenti nuovi e da protagonista la stagione di gloria, vanità e radiosi futuri promessi che bussava alle porte.

Del resto, proprio nel 1995 era stata creata l'istituzione che più di altre avrebbe incarnato quell'idea di globalizzazione: la Wto, l'Organizzazione mondiale del commercio, che avrebbe dovuto garantire ai Paesi aderenti pari opportunità di accesso ai mercati secondo la Clausola della nazione più favorita, ossia in modo che le migliori condizioni di accesso applicate da un Paese dovessero essere estese a tutte le parti contraenti con l'obiettivo finale di ridurre non solo i dazi e le barriere sulle merci, ma anche sui servizi, creando regole omogenee per tutti. Il mondo come un unico grande mercato, che, come tutti i mercati secondo la vulgata di allora, si sarebbe autoregolato pur con qualche periodo di transizione e aggiustamento.

«Meno Stato, più mercato (e globalizzato)» era il mantra della nuova globalizzazione, del pensiero dominante, quasi unico. Del resto non poteva che essere così, visto che tre anni prima il filosofo Francis Fukuyama, il padre di tutti gli spacciatori di previsioni, aveva decretato in un saggio di grande successo, *La fine della storia e l'ultimo uomo*, che, caduto il Muro di Berlino, l'unico modello vincente possibile di sviluppo rimasto sul campo era quello della democrazia liberale, modello che si sarebbe espanso a livello globale conformando i vari sistemi politici ai suoi principi. Un unico mercato, un'unica finanza che ne avrebbero agevolato l'espansione all'interno di un unico modello di liberalismo democratico, un mondo piatto che avrebbe permesso anche a noi giovani debuttanti sul mercato del lavoro di cogliere opportunità mai viste in precedenza proprio perché per la prima volta globali. Avremmo parlato la stessa lingua, condiviso gli stessi valori e obiettivi, e le diversità, che pure ci portavamo dietro, avrebbero rappresentato una ricchezza con cui contaminarsi a vicenda. Certo, eravamo agli albori: non esisteva internet, non esisteva la posta elettronica, e ricordo ancora il mio stupore quando un mio compagno delle elementari mi contattò attraverso l'intranet aziendale (una posta interna, diremmo ora) per farmi sapere che si era trasferito a New York.

I primi telefonini Gsm erano appannaggio di pochi eletti, gli aerei costavano ancora moltissimo e timidamente si sarebbero affacciate anni dopo le prime compagnie low cost. Ma non importava, a contare era il futuro promesso all'orizzonte.

Finsbury Square era bellissima quella mattina perché vi si respirava il futuro come in tutte le Finsbury Square in giro per il mondo occidentale. E vi si respirava un futuro familiare, perché era il futuro di una volta: assomigliava tremendamente, pur con tutte le differenze, a quello dei nostri genitori, era un futuro di prospettive crescenti proprio come era stato il loro. Un futuro che prometteva che, se ci si fosse impegnati nello studio, si sarebbe trovato il lavoro (quando oggi racconto ai ventenni che allora molti studenti di economia o ingegneria avevano offerte di lavoro già prima della laurea, i ragazzi in sala mi guardano increduli).

Questo non valeva solo per i laureati che si trasferivano all'estero, era una certezza per tutti i diplomati o i laureati: ci sarebbe voluto un po' di tempo, il primo salario magari sarebbe stato basso, ma se ci si fosse impegnati (e delle volte nemmeno troppo), si sarebbe cresciuti costantemente sia nella posizione economica che in quella sociale. E la velocità era tutto: i salari d'ingresso nelle varie professioni o mestieri potevano non essere granché più alti di ora, ma c'era la consapevolezza che non si sarebbe rimasti a lungo a quel livello. Tant'è che i ventenni di quegli anni furono l'ultima generazione a dare per scontato che avrebbero potuto guadagnare più dei loro padri. Furono l'ultima generazione a immaginare che il lavoro scelto potesse essere quello definitivo e, come per i loro padri, quello che li avrebbe accompagnati alla pensione. Certo, di casi opposti se ne contavano eccome, ma nello spirito del tempo rappresentavano un'eccezione alla regola.

So benissimo che, dati alla mano, in realtà l'ascensore sociale, quello che permette alla nuova generazione di stare meglio della precedente e di fare un salto di classe, aveva già iniziato a rallentare rispetto agli anni Sessanta, ma contava la narrazione che prometteva alle generazioni dei dieci anni successivi un futuro «vero», non quello a breve termine di oggi, il «futuro precario» che, come avremo modo di dire, assomiglia più a piccolo cabotaggio che a vera navigazione. Dunque un «vero» futuro che era nelle tue mani, che dipendeva dalla capacità di saper cogliere le opportunità che gli orizzonti schiusi dalla globalizzazione iniziavano a mostrare. Frasi come «diventa cittadino del mondo» e «think global and act local» esprimevano la nuova leva emotiva, quella che, per i nostri padri o nonni, era stata la voglia di riscatto nella ricostruzione postbellica. Avremmo intrapreso il nostro cammino ma ci avrebbero guidato gli stessi punti cardinali e le medesime costellazioni delle generazioni precedenti.

Finsbury Square era bellissima quella mattina di inizio gennaio e così bella non sarebbe più stata.

And They Danced All Night Long

Dio, come si ballava quegli anni... Però non «come se non ci fosse un domani», come dicono ora i ragazzi, ma proprio perché *c'era* un domani. Si ballò per un decennio, sempre di più e sempre meglio. I dieci anni che seguirono, infatti, non solo non conobbero smentite circa gli orizzonti che la globalizzazione aveva delineato, ma, da prospettive, si trasformarono rapidamente in pensiero unico. Del resto, nel 1992 Bill Clinton aveva vinto a 46 anni le sue prime elezioni, il primo presidente della generazione dei *baby boomers* e soprattutto un presidente che si presentava come un *new democrat*, un democratico di nuovo stampo che apriva le porte a quella che sarebbe stata la principale stampella politica della globalizzazione nel mondo occidentale, la cosiddetta Terza via. Abbracciata con successo da un ancor più giovane leader, Tony Blair, che nel '97, a soli 43 anni, divenne il più giovane primo ministro britannico da oltre un secolo e mezzo. Sulla Terza via, in realtà teorizzata da Anthony Giddens, è stato scritto tutto e il contrario di tutto e avremo modo di tornarci più avanti; ma vale la pena ricordare la definizione che ne diede nel 1999 lo stesso Giddens: «Qualcosa di diverso e distinto dal capitalismo liberale – con la sua fedele credenza nei meriti e nelle qualità positive del libero mercato – e dal socialismo democratico – con la sua ossessione dell'interventismo economico e del potere dello Stato. La Terza via è a favore di una crescita, dell'imprenditoria e delle imprese in generale e della creazione di un sistema sanitario, ed è anche sostenitrice di giustizia sociale e vede lo Stato come impegnato nel portare avanti il ruolo di diffondere queste idee. La Terza via rifiuta sia il socialismo che il neoliberismo classico».

Non era bellissimo? Per la nostra generazione, che era cresciuta con gli ultimi colpi di coda del terrorismo, era finalmente arrivato il superamento di destra e sinistra e anche il paludoso centro, c'era una terza via che avrebbe portato a fattor comune le tradizionali posizioni della destra liberista sull'economia e una politica sociale progressista. Del resto, se «la storia era finita», se erano finite le alternative, era giusto che restasse un'unica narrazione globale, sintesi e superamento delle narrazioni precedenti. Era una narrazione nuova, ma almeno era una narrazione, almeno ci consentiva di avere un futuro come ce lo avevano avuto le generazioni precedenti. La società doveva essere «aperta»? E noi ci aprimmo, mai mettendo in discussione i modi e soprattutto i tempi di quell'apertura. Eravamo o non eravamo stati la «generazione Erasmus»? Tutto andava nella direzione giusta, non c'era niente da mettere in discussione se i dazi calavano, i mercati si aprivano ulteriormente e la finanza si globalizzava sempre più. Ah sì, la finanza! Un altro dei punti cardinali era rappresentato dai mercati. «I mercati non si giudicano», «i mercati non votano», «i mercati prendono atto dei fatti, non sono ideologici»: questi erano i mantra che mettevano a tacere qualunque possibilità di valutare l'efficienza dei mercati e soprattutto la loro parzialità. Se i mercati non si giudicano, allora non si giudicano nemmeno gli strumenti che usano, anche quando iniziano a circolare i derivati, aumenta l'uso dei *futures* e quindi in sostanza aumenta a dismisura la leva finanziaria che, di fatto, amplifica enormemente sia le perdite che i guadagni. Soprattutto si lascia la finanza libera di agire globalmente e si tolgono vincoli che, a questo punto, risultano anacronistici. Infatti, nel 1999 Clinton abolisce una delle parti fondamentali della legge bancaria americana in vigore dal 1933 (il famoso Glass-Steagall Act), che prevedeva la netta separazione tra le banche commerciali (quelle «normali», che raccolgono risparmio privato per reinvestirlo nell'economia attraverso una sana e prudente gestione) e le banche di investimento. Quella legge era stata varata dopo la Grande Depressione del 1929 per impedire che riaccadesse, ossia per evitare che il fallimento di una banca di investimento, in seguito a operazioni per definizione speculative, trascinasse con sé anche la banca tradizionale e quindi i risparmi dei correntisti e i crediti alle imprese. Chi investe in maniera speculativa deve essere separato da chi gestisce i risparmi e li reinveste nelle aziende e nell'economia, altrimenti il rischio diventa sistemico, di panico bancario e di corsa agli sportelli. Semplice, no? Occorreva separare la finanza puramente speculativa dall'economia reale. Ma se l'economia era turboeconomia da turboglobalizzazione, anche la finanza doveva seguire con la turbofinanziarizzazione. Nel prossimo capitolo torneremo su questo patto faustiano tra politica e finanza che creò le basi strutturali per la crisi finanziaria del 2008-2009, ma allora non se ne accorse quasi nessuno. E perché mai contraddire il pensiero unico?

Intanto si continuava a ballare: la crescita economica proseguì imperterrita (il Pil italiano crebbe con una media di circa l'1,5 per cento annuo e quello europeo del 2,5 per cento). È vero che l'apertura dei mercati e la riallocazione del lavoro su scala planetaria, soprattutto delle produzioni a minor valore aggiunto, stavano spostando l'asse manifatturiero dall'Europa e dagli Stati Uniti, tant'è che poco prima del 2008 i due terzi dei posti di lavoro industriali erano detenuti dai Paesi emergenti. Ma non era forse questo l'obiettivo della turboglobalizzazione e del turbocapitalismo? Non era forse previsto che la manifattura di base si spostasse verso l'Asia e i Paesi emergenti che avrebbero prodotto beni a costo più basso, trasformandosi nel frattempo in vere economie di mercato con una classe media che avrebbe iniziato a utilizzare i beni e i servizi a maggior valore aggiunto prodotti in Occidente?

Sintetizzato così, questo processo non faceva una piega: noi avremmo abbandonato le produzioni di «fascia bassa» e in cambio ci saremmo concentrati su quelle di fascia alta e sui servizi. Certo, qualche scricchiolio iniziava a farsi sentire soprattutto in Italia, proprio in virtù della forte presenza della manifattura di base a basso prezzo e valore aggiunto, e ne fecero le spese per primi i nostri settori tessile e calzaturiero. Ma gli elementi per continuare a ballare non mancavano, la musica suonava ancora forte. L'aver trasferito la produzione verso le economie emergenti aveva avuto un effetto deflattivo su quei beni: le scarpe o il maglione prodotti in Paesi con un costo bassissimo del lavoro potevano essere venduti a un prezzo costante, se non inferiore, e comunque più basso rispetto alla produzione in Europa, pur garantendo gli stessi margini (spesso superiori) al produttore. E non c'erano dubbi, visto che allora il costo orario medio di un lavoratore italiano era cinque volte superiore a quello di un lavoratore rumeno, anche se, a sua volta, il costo di un lavoratore rumeno era cinque volte superiore a quello di un cinese.

Ciò aveva avuto la conseguenza che per un insieme di prodotti l'inflazione si era mantenuta più bassa del previsto, con un beneficio per il nostro potere d'acquisto. In aggiunta, interi settori classici del nostro *made in Italy* avevano compiuto un salto di fascia verso quella più alta, o erano comunque diventati sempre più popolari, non tanto nei Paesi emergenti quanto in quelli del mondo occidentale. I numeri parlano chiaro, basti guardare come sono andate le famose 4 A del nostro export: l'agroalimentare nel 2000 valeva 15 miliardi, nel 2010 era salito a 30 miliardi e nel 2019 aveva raggiunto i 45 miliardi; e una dinamica simile c'era stata anche per l'abbigliamento, inteso anche come moda e calzatura; l'arredo, inteso anche come design su scala industriale; e l'automotive, inteso anche come componentistica di qualità. Molto più lentamente iniziavano ad arrivare anche notizie positive dai mercati emergenti considerati come mercati di consumo, come dimostra il fatto che a oggi le nostre esportazioni verso la Cina sono più del doppio rispetto al 2001 e, prima del Coronavirus, vi era la prospettiva che sarebbero raddoppiate ulteriormente nei prossimi quindici anni.

Si ballava e si continuava a ballare non solo in quella che fu ribattezzata la nuova Swinging London e nella Cool Britannia, ma in tutti i Paesi occidentali, Italia inclusa, perché la pista da ballo era sempre più liscia e tirata a lucido grazie a quella meravigliosa cera che era diventata la finanza, anzi la turbofinanza, un vero e proprio lubrificante dell'economia che, grazie a nuovi strumenti e una nuova gestione del risparmio, faceva sentire tutti ballerini provetti, e nessuno sembrava immaginare che un eccesso di lubrificante avrebbe ingolfato il motore e che una pista troppo lucida prima o poi ci avrebbe fatto scivolare.

Del resto, la progressione era inesorabile: in trent'anni il capitale detenuto dai fondi di investimento comuni americani (quelli rivolti ai consumatori) era passato da 25 a 3.488 miliardi di dollari, in dieci anni il Pil mondiale era raddoppiato mentre il volume delle attività finanziarie era triplicato, ma soprattutto le attività finanziarie mondiali arrivavano a valere oltre tredici volte il Pil mondiale: come se una famiglia avesse investimenti finanziari pari a tredici volte quello che produce in un anno.

Però l'aspetto più significativo è che anche la cera cambiava la sua composizione, il lubrificante finanziario era fatto ormai solo per un terzo di finanza «tradizionale» – ossia azioni, obbligazioni e depositi bancari – mentre i due terzi rimanenti erano costituiti da strumenti derivati e dalle scommesse che consentivano: sui tassi di interesse, sulle valute, sui prezzi delle materie prime, sull'andamento degli indici azionari, sul fallimento di Stati o di grandi imprese. E, cosa ancora più rischiosa, era che queste scommesse venivano quasi sempre fatte usando una forte leva finanziaria: quindi un soggetto aveva la possibilità di acquistare o vendere attività finanziarie per un ammontare superiore (il cosiddetto sottostante) al capitale effettivamente posseduto. Per esempio, io scommettevo mille euro, ma il sottostante ne valeva 10mila con la conseguenza che un aumento del 10 per cento portava un guadagno di mille euro pari al

100 per cento del mio investimento, ma allo stesso modo una perdita del 10 per cento avrebbe rappresentato una perdita del 100 per cento del mio investimento. In pratica, la leva finanziaria amplificava i guadagni ma anche le perdite. Per di più, mentre la finanza tradizionale manteneva anche in quegli anni un rapporto con il Pil mondiale stabile di circa quattro volte (con spostamenti interni, per esempio, dalle obbligazioni alle azioni), la finanza derivata (o deviata) passava a essere da cinque a oltre dieci volte il Pil mondiale. (Per inciso: sono proporzioni che, seppur in volume ridotto, troviamo anche dopo le crisi del 2008 e del 2012, visto che nel 2013, a fronte di un Pil mondiale che valeva 75mila miliardi di dollari, le attività finanziarie globali ne valevano 993mila, a dimostrazione che non tutte le discoteche hanno chiuso dopo la crisi, anzi...)

Intanto, la cera veniva tirata di continuo sulla pista da ballo e giravano tanti, tantissimi soldi.

Le società, anche le startup senza una storia, venivano collocate in borsa come mai prima e i soldi raccolti aumentavano le possibilità di investimento, a volte con un eccesso di leggerezza nelle valutazioni. In definitiva, e senza troppe analisi macroeconomiche, basta chiedere ai gestori di fondi, ai responsabili marketing, ai pubblicitari, ai centri media delle società di quell'inizio del secolo quale fosse il loro budget rispetto a quello attuale per restare sorpresi, se non addirittura increduli: non saranno stati gli anni Ottanta, ma poco ci mancava. Certo, non valeva per tutti i settori e le professioni, e la finanziarizzazione dell'economia stava ridisegnando anche la classifica dei lavori più promettenti, dei ballerini più corteggiati. Tutte le professioni legate in qualche modo al mondo finanziario, al settore commerciale e più in generale a quelli che si iniziarono a chiamare «servizi avanzati» rappresentavano il nuovo ascensore sociale. Non più le professioni o i mestieri del Novecento, sempre più vittime dei loro ordini professionali e della loro chiusura corporativa: quello era il nuovo Eldorado, lì i gruppi investivano, lì c'era possibilità di spendere, lì giravano i soldi, intesi sia come guadagni personali che come capitali investiti dai datori di lavoro.

Certo, capitava che ogni tanto qualcuno scivolasse: la borsa iniziò a essere attratta da quotazioni sempre più spinte, le società che vi sbarcavano raccoglievano sempre più capitali, facendo felici gli azionisti (soprattutto quelli originari che le avevano quotate e con prezzi sempre più alti e spesso irrealistici). Si arrivò addirittura alla bolla delle cosiddette «.com», società che grazie a questo magico suffisso iniziarono a valere in borsa cinquanta, ottanta e oltre cento volte l'utile atteso, mentre le società tradizionali arrivavano a quindici, forse venti volte l'utile atteso. Era la magia della *new economy* da contrapporre alla *old economy*, e il volume della musica era così alto che nessuno se ne accorse, tutti presi a comprare titoli ora scomparsi dall'orizzonte (qualcuno si ricorda di Poligrafica San Faustino o di Ciccolella, vere star della borsa di allora?) e pronti a credere che fosse normale che la capitalizzazione in borsa di Tiscali valesse quanto, se non più, di quella della Fiat. Ed è vero che più di uno scivolò, ma quella bolla che scoppiò fu più dovuta a un'«esuberanza irrazionale» (o comunque così venne vissuta), per dirla con le parole dell'allora presidente della Fed, Alan Greenspan. O meglio, a un misto di ignoranza finanziaria, avidità umana solleticata da rendimenti irrealistici (e questo vale anche per le centinaia di migliaia di risparmiatori che acquistarono titoli di Stato argentini che rendevano tra il 7,5 e il 9 per cento) e illusioni vendute dai professionisti del risparmio, che videro in questa pozione magica per arricchirsi senza rischio il nuovo modo per fare margini e guadagni.

Ma fu una bolla, non una crisi vera e men che meno una rivoluzione: assomigliò infatti a tutte le bolle dei secoli precedenti, a partire da quella esemplare dei bulbi di tulipano in Olanda, ed ebbe la caratteristica classica delle bolle, la *stampede,* ossia la corsa della mandria di cavalli, in cui, partito il primo, tutti lo seguono quasi senza un perché. In questo caso solo con la paura di restare indietro, di restare esclusi dal nuovo modo di fare ricchezza che superava di gran lunga aumenti salariali o strumenti classici come erano stati i Bot. Dai *Bot people* ai *.com people* il passo fu veloce e molti scivolarono; per colpa loro, però, e non della discoteca né della pista da ballo: a esagerare, a spingersi in passi arditi e a fidarsi di maestri improvvisati, si finisce ovviamente per cadere, e non certo per colpa del sistema. Ripulita la pista, tuttavia, si ricominciò a ballare.

La cera sulla pista da ballo non mancava per nessuno, non solo per i nuovi professionisti di quella musica, ma anche per altri ballerini più tradizionali: visto che la finanziarizzazione dell'economia si spingeva sempre più in là, tutti potevano partecipare a questa nuova ricchezza finanziaria.

La possibilità di erogare credito aumentava infatti di pari passo e anche verso i soggetti più a rischio. Alla «sana e prudente gestione del risparmio bancario» si stava affiancando la cartolarizzazione dei prestiti bancari: la banca, o la società finanziaria, prendeva quei crediti, li spacchettava e li rivendeva ad altri soggetti finanziari a un prezzo leggermente più basso. In questo modo diminuiva la sua esposizione su un singolo soggetto e poteva aumentare i suoi prestiti verso altri soggetti. In pratica, a rischio di risultare semplicistico, se prima la banca era esposta con un soggetto per mille euro, ora ne aveva girati novecento, di quei mille, ad altri nove soggetti, che diventavano i veri creditori finali del soggetto senza che ne fosse consapevole. In questo modo, la banca era effettivamente esposta con il soggetto solo per cento euro e con gli stessi mille euro poteva ora fare credito a dieci persone, mantenendo la sua esposizione effettiva invariata. Un meccanismo che non solo portò poi all'esplosione dei mutui *subprime* (ossia dati a chi è ad alto rischio di insolvenza), ma creò più in generale l'esplosione e l'idealizzazione del credito al consumo: non più solo per acquistare la casa, ma ora anche il frigorifero, l'automobile e ogni altro bene poteva essere comprato a debito, dato che erogare credito non era più un problema. Ciò ebbe come conseguenza che la bassa inflazione, dovuta al trasferimento delle produzioni di massa verso i Paesi emergenti di cui si è detto sopra, unita alla maggiore possibilità di accedere al credito finanziario per persone e imprese e al continuo crescere dei risparmi investiti in borsa o in fondi azionari grazie al costante aumento del valore delle azioni, ci fecero sentire come tanti Tony Manero, ossia ci diedero l'illusione che nulla stesse cambiando, a partire dalla nostra ricchezza e dal nostro potere d'acquisto.

E allora ballammo ancora più forte e sempre più drogati, convinti che la musica non sarebbe cessata mai, perché così ci veniva promesso dagli instancabili dj.

Poi improvvisamente saltò la corrente: niente più musica né luci stroboscopiche, arrivò il blackout e tutti cademmo rovinosamente sulla pista. Era il 15 settembre del 2008.

SECONDA PARTE
Si staccano gli ormeggi

E ci ritrovammo improvvisamente in mezzo al mare

Ci risvegliammo storditi in mezzo al mare, come certi marinai inglesi che venivano prima tramortiti, mentre ballavano ubriachi nelle osterie del porto, e poi forzosamente imbarcati.

Non che non vi fossero state avvisaglie in precedenza: l'estate dell'anno prima iniziammo a conoscere un nuovo tipo di mutuo, quello *subprime*. Il gioco del cerino poteva continuare solo a patto che il prezzo degli immobili continuasse a crescere, rifinanziando il prestito a rischio. Ma già nel 2006 il prezzo delle case negli Stati Uniti aveva iniziato a calare, e poi il gioco accelerò nel 2007, quando il cerino rimase in mano a due fondi *hedge* (ossia altamente speculativi) di Bear Stearns, la più piccola delle banche d'affari americane, e ad altre venticinque società che finirono in bancarotta tra febbraio e marzo del 2007. Si continuò a ballare, tanto che la banca d'affari americana Goldman Sachs ancora a giugno prevedeva un prezzo del petrolio record verso i duecento dollari al barile (dopo pochi mesi sarebbe crollato a quaranta dollari).

Il blackout vero arrivò il 15 settembre del 2008, quando fallì la Lehman Brothers, la banca fondata nel 1850 da una famiglia di mercanti di bestiame emigrati dalla Germania, schiacciata da debiti bancari per 613 miliardi di dollari, debiti obbligazionari per 155 miliardi e attività per un valore di 639 miliardi.

Quel giorno, prima di essere sospese, le azioni Lehman Brothers crollarono dell'80 per cento nella fase di preapertura alla borsa di New York, e l'indice Dow Jones chiuse la seduta di quel lunedì nero in ribasso di cinquecento punti, realizzando la più grande caduta dopo l'11 settembre 2001. Nelle stesse ore, il colosso bancario Merrill Lynch fu messo in vendita e il colosso assicurativo Aig venne salvato da un prestito di ottantacinque miliardi da parte della banca centrale americana.

Fu in quel giorno che per tutti noi la crisi finanziaria si trasformò in crisi sistemica, allora la più grande dopo quella del '29, aprendo poi la strada alla recessione globale che si scaricò soprattutto l'anno dopo sull'economia. Il Pil italiano nel 2009 crollò di oltre il 5 per cento e allora parve una percentuale incredibile (anche se ora appare risibile rispetto al 10 per cento di crollo previsto nell'anno del Covid).

Fu in quel giorno che, mentre i sedicimila dipendenti di Lehman trasportavano i loro scatoloni fuori dagli uffici, fu messa in discussione per la prima volta la turbofinanza e l'eccesso di rischi che aveva assunto in maniera disinvolta e quasi criminale.

La cosa più incredibile e devastante fu vedere che le banche non si fidavano tra di loro, non volevano soccorrere altre banche perché non sapevano esattamente quanta «carta» derivata e tossica avessero in pancia, o forse lo sapevano fin troppo bene, avendo partecipato anche loro al ballo. Molti strumenti collaterali non riuscivano a «fare prezzo», come si dice in gergo, vista l'assenza di fiducia, e scoprimmo anche che esistevano i Cds (*credit default swap*), ossia scommesse su come si sarebbe mosso il rischio di insolvenza di un emittente, e scommesse o *futures* anche su queste scommesse. Un castello di carta quasi inestricabile, di cui gli stessi costruttori sembravano avere perso completamente il controllo. Ma lo avevano fatto ben pagati, con bonus milionari, come si deduce dal fatto che prima della crisi, nelle prime cento società statunitensi, il rapporto tra lo stipendio del top manager e quello del suo dipendente era passato dalle 75 volte degli anni Settanta alle 240 volte del 2007 (si intende chiaramente di media, poiché molti top manager delle banche d'affari arrivavano a guadagnare persino come mille dei loro dipendenti insieme).

Fu allora che la crisi della turbofinanza, diventando sistemica e travolgendo l'economia reale, mise in difficoltà anche il concetto stesso di globalizzazione e il turbocapitalismo che l'aveva accompagnata, il motore di cui la turbofinanza era stata quanto meno il lubrificante.

Come era stato possibile? Che cos'era andato storto? Perché non ce ne eravamo accorti e soprattutto perché nessuno ci aveva avvisato, a partire dalle autorità di vigilanza, le istituzioni bancarie e soprattutto la politica, a cui da cittadini avevamo demandato la tutela del bene comune, del progresso, della ricchezza fino ad allora accumulata?

Chi ci aveva spinto al largo? Tutta colpa della finanza e della globalizzazione?

Il blackout improvviso fu generato dalla finanza, ma fu tutta la pista da ballo e la sua gestione a essere messa in discussione.

Il crollo della fiducia non riguardò solo i mercati e i loro attori, ma ben presto si estese all'idea stessa della globalizzazione in corso, travolgendone tutti gli alfieri, dagli intellettuali ed economisti che l'avevano celebrata ai politici e partiti che l'avevano cavalcata.

Altroché Terza via, altroché pensiero unico e «magnifiche sorti e progressive», il modello scricchiolava e faceva acqua da tutte le parti.

Sulle cause di questo fallimento, sugli errori commessi, sulle responsabilità da attribuire sono state scritte in questi anni decine di saggi e analisi e non è mia intenzione tentare di illustrare in pochi paragrafi le interpretazioni offerte; non è l'oggetto principale di questo libro né, come diremo più avanti, sono queste le sole ragioni per cui ci troviamo ancora in mari e terre sconosciute, in cui l'incertezza ha preso il posto del rischio.

Mi limiterò, nella maniera più semplice possibile, a evidenziare ciò che ho capito. In primo luogo, distinguendo tra crisi finanziaria e turbofinanza rispetto alla crisi della globalizzazione tout court. Anche se spesso le due cose si sono intrecciate e la turbofinanza ha viaggiato di pari passo con il turbocapitalismo, di cui rappresentava il combustibile, mi sembra importante cercare di tenere distinte le due dinamiche, cercando di rispondere a un paio di semplici domande.

Perché non ce ne siamo accorti?

Abbiamo accennato sopra alle distorsioni che la turbofinanza aveva generato: dalla deresponsabilizzazione di chi concedeva un credito perché riusciva a liberarsene spacchettandolo, all'utilizzo sempre più massiccio dei prodotti cosiddetti derivati, al ricorso sempre più frequente della leva finanziaria che amplifica i guadagni ma pure le perdite, e così via. Ma, in ultima analisi, se fosse solo questo, se tutto potesse essere imputato solo alle istituzioni finanziarie e agli operatori-speculatori, ci troveremmo di fronte a un classico caso di avidità, seppure su scala enorme.

Avidità che ha portato a perdere il senso del limite, a sottovalutare i rischi, a ritenere che la musica non si sarebbe mai fermata, a trasformare banchieri d'affari in dèi dell'Olimpo che non dovevano riferire a nessuno e che non rispondevano a nessuno, se non al proprio sterminato ego (Richard Fuld, il numero uno di Lehman, poco prima del crack aveva ordinato un cestino per il suo ufficio dal valore di millecinquecento dollari, e negli ultimi dieci anni aveva versato trecentomila dollari a deputati e senatori del Congresso americano per corromperli; e ancora, i due capi di Bear Stearns, mentre la banca falliva, non erano raggiungibili al telefono perché impegnati in un fondamentale torneo di golf, per limitarsi a due dei molti casi).

Tuttavia, l'avidità è un peccato capitale da quando esiste l'uomo. Davvero è possibile che sia stato solo questo?

In realtà, al di là di molte altre valutazioni che si possono aggiungere, a me sembra che la degenerazione della finanza sia stata possibile solo grazie a un patto faustiano che la finanza stessa aveva stretto già alla fine degli anni Novanta con la politica.

Abbiamo ricordato sopra che nel 1999 Clinton abolisce una parte fondamentale della legge bancaria, il Glass-Steagall Act, che prevedeva la separazione netta tra la banca che gestisce i risparmi e li rimette in circolo nell'economia e la banca d'affari che investe e specula a vantaggio dei suoi azionisti, in modo che il fallimento della seconda non trascini con sé anche la prima, e con essa milioni di risparmiatori. Compartimenti stagni per evitare che una crisi bancaria diventi una crisi sistemica dell'economia. Perché allora Clinton elimina queste paratie?

Di certo c'è una grossa pressione dei banchieri d'affari, i quali ottengono che i nuovi strumenti derivati vengano posti sotto il controllo più blando della Sec (la Consob americana) invece che sotto quello più rigido della Federal Reserve (la banca centrale), con la spiegazione che si tratta di strumenti così sofisticati e complicati che saranno utilizzati da poche migliaia di professionisti e non andranno a incidere sulla massa dei risparmiatori (si è visto quanto ciò fosse falso). Ma perché Clinton accetta? Perché, come lui, Blair e l'intera sinistra riformista o Terza via europea adottano i banchieri d'affari come nuovi nostromi del mondo che si sta delineando, senza mai un sospetto, un'obiezione? Solo per ingenuità o, peggio, per soggezione culturale? Può esser che vi fosse questo, ma c'era anche dell'altro.

In realtà, la finanza – e qui sta il patto faustiano – prometteva alla politica, in cambio di regole molto blande, un trofeo impagabile: il mantenimento apparente del potere d'acquisto della classe media, che invece si stava lentamente erodendo, complice anche lo spostamento delle produzioni manifatturiere di base, e non solo, verso i Paesi emergenti. Del resto, il patrimonio netto di una famiglia americana si era ridotto quasi del 40 per cento in un decennio e cosa c'era di meglio della «morfina finanziaria» per anestetizzare la classe media?

Ecco allora la soluzione: in cambio di blandi controlli e di regole meno rigide, la finanza e Wall Street in testa offrivano alla politica la possibilità di evitare che gli elettori si rendessero conto di quanto stava avvenendo grazie a quei mutui concessi sempre con maggior facilità, utilizzando strumenti derivati, cartolarizzando i debiti, pompando il valore dei titoli azionari e dei fondi di investimento.

La turbofinanza si metteva al servizio del mantenimento del consenso politico, però in cambio chiedeva un prezzo che si sarebbe rivelato altissimo: la creazione di un castello di carta di prodotti tossici, cioè rischiosi, che prima o poi sarebbe crollato.

Sicuramente ha giocato un ruolo anche la «sudditanza culturale» della politica che, finita la Guerra fredda, abbraccia quel capitalismo finanziario come unica dimensione possibile, eleggendo talvolta i banchieri d'affari a nuovi *maîtres à penser*.

Ma sarebbe sbagliato, a mio avviso, vedere nella politica solo una vittima, per di più raggirata: la creazione di ricchezza finanziaria per le classi medie, per quanto fragile e spesso fittizia, era funzionale al mantenimento del consenso di quelle stesse classi medie, a evitare la loro ribellione.

Più che solo vittima la politica fu, in parte, anche complice.

Chi difende il contado?

Ho letto in questi anni decine di libri e articoli sulle origini e sulla crisi della globalizzazione, ma onestamente sono uscito da quelle letture sempre più confuso.

Senza nulla togliere al valore delle singole analisi, abbiamo capito che l'ingresso della Cina nella Wto è un passaggio chiave nella storia economica recente: gli obiettivi che si poneva il mondo occidentale erano sia opportunistici che ideali, si immaginava di creare centinaia di milioni di nuovi consumatori e contemporaneamente di esportare i modelli democratici e i valori su cui si basa l'Occidente.

Ho capito che, nell'idea iniziale, la perdita di posti di lavoro nell'industria di base del mondo occidentale a favore dei Paesi emergenti avrebbe dovuto essere compensata dalla creazione di un'economia di mercato e di una classe media in quei Paesi. Avremmo fatto produrre a loro i beni a basso costo e valore aggiunto, mentre noi ci saremmo spostati sulle produzioni di fascia alta e sui servizi a maggior valore aggiunto, che avremmo venduto alla nuova classe media dei Paesi emergenti. Quasi un'economia circolare.

Ho capito che si sarebbero dovute creare filiere lunghe del valore, in cui la componentistica sarebbe stata acquistata là dove più conveniva, e che questo avrebbe avuto un effetto positivo antinflattivo sui prezzi dei beni. Ho anche capito che un'economia globalizzata e interconnessa avrebbe ridotto i rischi di un conflitto grazie anche alle istituzioni internazionali, che avrebbero dovuto garantire una *governance* della globalizzazione.

Infine, ho capito che centinaia di milioni di persone nei Paesi emergenti sarebbero così uscite dalla povertà e che gli indicatori sanitari, dal tasso di mortalità infantile a quello di vaccini, sarebbero migliorati.

Tutto questo è in effetti successo e i numeri e i dati sono lì a dimostrarlo.

Ho però capito anche altre cose perché, come sempre, la storia reale è fatta di chiari e scuri.

Ho capito che la velocità di realizzazione è stata eccessiva, che i nostri sistemi produttivi avevano bisogno di più tempo per riadattarsi. Che la perdita di posti di lavoro manifatturieri nel nostro mondo è stata solo in parte soppiantata da un aumento di quelli ad alto valore aggiunto, anche perché gli stessi Paesi emergenti si sono messi a produrre anche i servizi, non solo i manufatti, con una rapidità che non si immaginava. Ho capito che sicuramente Cina, India e Vietnam hanno permesso di tenere bassa l'inflazione, ma che i nuovi lavori nel mondo occidentale si sono precarizzati rispetto al modello tradizionale di «carriera».

Ho capito che un conto è esportare lusso, un altro esportare democrazia, che i valori occidentali non hanno a volte nemmeno scalfito quei sistemi politici, i quali anzi hanno chiesto a noi di aprire i nostri mercati difendendo però in maniera protezionistica i loro, con un ampio intervento dello Stato. Altroché libero mercato.

Ho capito che la ricchezza si è distribuita soprattutto verso i Paesi emergenti e, secondo il grafico dell'elefante di Branko Milanović, poco o per nulla nelle nostre classi medie, e che la creazione di un miliardo di nuovi consumatori, oltre che avvantaggiare il nostro export, ha messo in discussione la sostenibilità del nostro pianeta e l'idea stessa di sviluppo.

Ma, soprattutto, ho capito che la Terza via e la competizione globale non aveva creato solo dei vincenti in base al merito, ma anche uno scivolamento verso il basso degli sconfitti, che gli Stati occidentali avrebbero dovuto predisporre delle vere reti di protezione, welfare attivo o passivo, in attesa che chi era scivolato riuscisse a rialzarsi.

Ho capito che la globalizzazione nel nostro mondo aveva creato una gerarchia della mobilità, ossia aveva diviso i cittadini in due tipi, come spiega Zygmunt Bauman in *Dentro la globalizzazione*. Da un lato i «viaggiatori», quelli in alto, capaci di sfruttare tutti i vantaggi di questa globalizzazione, che parlano una lingua simile, si trovino a Londra o a Milano, che vivono nel «tempo globale» dove non esistono confini per loro e i loro figli, e che «sono convinti di viaggiare attraverso la vita di loro volontà e di scegliere le varie destinazioni in base alle soddisfazioni che offrono». Dall'altro i «residenti», quelli obbligati a restare, che vivono nello «spazio fisico» e delimitato, «costretti perciò a sopportare in modo passivo qualsiasi cambiamento che il luogo cui sono legati è costretto a subire», che soffrono i flussi migratori come pure la riallocazione del lavoro su scala globale.

In definitiva, la differenza era tra chi attraversava il mondo e chi se lo vedeva passare accanto o sopra.

Ho capito allora che la messa in discussione della globalizzazione, con il *côté* politico dei no global, dei sovranisti e dei populisti, era arrivata perché anche l'ultimo patto tacito tra i due mondi era venuto meno: posso accettare che tu, cavaliere delle élite globalizzate, abbia la maggior parte dei vantaggi a patto che, quando necessario, difenderai il contado forzatamente sedentario dai pericoli esterni. Invece, da noi, proprio chi non poteva muoversi e surfare sui vantaggi della globalizzazione era stato lasciato solo a subire le invasioni barbariche asiatiche e le scorribande della turbofinanza anglosassone, mentre dai merli del castello i cavalieri lanciavano rose, invece di dardi, agli invasori.

E ho capito che la reazione cosiddetta populista e sovranista altro non era stata se non la ricerca di qualcuno che tornasse a proteggere chi era obbligato a restare in quei luoghi, visto il fallimento delle élite precedenti.

Avevo capito tutto questo: era storia ormai, e Finsbury Square non era più così bella. Eppure…

Quelle facce un po' così

Eppure, c'era ancora qualcosa che non tornava. Ci eravamo trovati improvvisamente in mare aperto a fronteggiare i venti della tempesta finanziaria, mentre le onde inattese della globalizzazione facevano rollare pericolosamente la nave. Ma ogni tempesta prima o poi passa, e anche con i marosi si riprende, pur con prudenza, a navigare. A patto di avere una rotta conosciuta. A patto di distinguere i punti cardinali, le costellazioni e il profilo della costa.

Invece, a distanza di quasi dieci anni da quel 2008, le facce e gli sguardi delle persone che incontravo nei convegni lungo tutta la penisola erano sempre le stesse, indipendentemente dal settore in cui operassero, e anche la domanda implicita: quando finisce questa crisi, quando torneremo come prima?

Qualcosa non quadrava.

A distanza di quasi dieci anni dalla crisi finanziaria, infatti, la maggior parte delle economie occidentali aveva non solo recuperato i livelli precrisi, ma li aveva superati. Questo però non valeva per la zona dell'euro, che era mediamente tornata solo ai livelli precrisi, e tanto meno per l'Italia, che era ancora sotto di tre punti, se cento era il livello precrisi. La ragione era presto detta: la crisi dei debiti sovrani, scaturita dalla scellerata idea della Germania e dei Paesi nordici di dare una punizione esemplare alla Grecia per avere mentito sui conti pubblici, aveva fatto dire ad Angela Merkel che non necessariamente tutti i Paesi sarebbero rimasti nell'area euro. Il riferimento era ovviamente alla Grecia, ma questo scatenò la speculazione finanziaria che andò a scommettere prima sulla tenuta del Portogallo, poi su quella della Spagna e infine sul *big fish*, sulla preda più ambita dalla speculazione, visto l'ammontare del suo debito: l'Italia. Fu allora che iniziammo a conoscere il termine «spread», ossia il rischio paese rappresentato dalla differenza tra quanto costa a noi indebitarci rispetto alla Germania (il Paese che viene considerato più sicuro), valutato sul Btp a dieci anni rispetto al suo omologo tedesco. Più interessi un Paese deve offrire per farsi comprare il debito dagli investitori, più è considerato a rischio, un po' come avviene al privato cittadino quando chiede un prestito bancario: maggiore è il rischio percepito, maggiore è il tasso di interesse che verrà fatto pagare. A quella crisi che, per l'ottusità tedesca, rischiava di far saltare l'euro – quanta differenza tra l'ortodossia miope di Merkel di allora, rispetto alla saggia lungimiranza della cancelliera tedesca dimostrata pochi mesi fa, quando ha capito che, senza un piano europeo di aiuti, non vi sarebbe più stata un'Unione europea post-Covid – aveva posto fine Mario Draghi da presidente della Bce nel 2012, con il famoso *whatever it takes*. Ossia, «faremo tutto ciò che è necessario per difendere l'euro», a cui aggiunse un non meno importante: «And believe me, it will be enough» (E fidatevi che sarà sufficiente). Parafrasando Sergio Leone: quando la pistola della speculazione finanziaria incontra il bazooka della banca centrale, la speculazione finanziaria è morta. Così avvenne, e gli spread calarono. Certo, ai Paesi a rischio furono chieste manovre economiche restrittive, come l'austerity messa in pratica da Mario Monti, e l'approccio ragionieristico della Commissione europea, per cui solo il deficit contava e non i posti di lavoro né la crescita economica, rallentò il recupero di quelle economie (dimenticando un principio banale: essendo importante il rapporto tra deficit e Pil, se il denominatore, il Pil, cala, per quanto si riesca a ridurre il numeratore, il deficit, il rapporto continuerà ad aumentare o a non calare). Un'ulteriore conseguenza fu il raffreddamento del rapporto tra cittadini e Unione europea: perfino in Italia, dove gli europeisti erano stati da sempre la maggioranza, la tendenza si invertì. Non ne fece le spese solo l'opinione verso quella gestione dell'area euro miope, ci andò di mezzo anche l'idea stessa dell'euro, che diventò per alcuni partiti il vero capro espiatorio. Strano dare la colpa della febbre al termometro e non alla gestione del paziente. Ancora più strano è dimenticare che i nostri risparmi proprio in quelle tempeste erano stati protetti dall'euro; che, anche se ci fossimo tenuti la lira, avremmo potuto svalutarla a piacere (imbarcando inflazione e facendo aumentare il debito), ma le nostre imprese non sarebbero mai riuscite a competere con il costo del lavoro cinese e si sarebbero dovute comunque spostare dalla manifattura di base a quella a maggior valore aggiunto; che, se vi era stato un problema di prezzi nel passaggio da lira a euro, era colpa dei furbi in alcuni settori del commercio e di chi non li aveva controllati (sarebbe bastato avere un indice sull'inflazione dei beni a maggior consumo, come ha adesso l'Istat, per accorgerci che l'inflazione misurata sui beni di maggiore consumo era nettamente superiore all'inflazione media abbassata dal trasferimento della manifattura di base verso la Cina e l'Oriente in generale).

Ma al di là di tutto questo, la crisi finanziaria era stata ampiamente superata, così come il rischio di un crollo sistemico. Le banche centrali avevano reagito complessivamente bene, inondando di liquidità il sistema e, pur con tempi diversi, la crisi finanziaria era alle nostre spalle, come dimostravano i valori di borsa.

Quanto agli effetti negativi e imprevisti della globalizzazione, non si erano certo esauriti. A partire dalla sua sostenibilità ambientale e demografica, gli squilibri restavano ancora a vantaggio in primo luogo della Cina, nonostante incontrassi sempre più spesso persone e imprese che stavano beneficiando della continua crescita del commercio globale. Quel poco di crescita economica che vi era stato in Italia era interamente dovuto alle esportazioni e non certo ai consumi interni (e come sarebbe stato possibile, dati gli effetti dell'austerity?). Le nostre filiere del valore si erano allungate, buona parte della nostra industria, a partire dalle 4 A del *made in Italy* (alimentare, arredo, abbigliamento e automotive), si era spostata sulla fascia a maggior valore aggiunto (non solo costo) e, per quanto i nostri principali mercati di sbocco restassero quelli europei e quello statunitense, anche i Paesi emergenti avevano iniziato a importare beni di lusso italiani o, come si preferisce dire, l'*italian way of life*. I turisti cinesi, russi e brasiliani ormai erano considerati i veri *big spender* assieme a quelli statunitensi e sauditi-emiratini. La necessità di spostarsi su produzioni di maggiore qualità aveva portato anche molte aziende a operare il cosiddetto *reshoring*, ossia riportare in patria alcuni passaggi della produzione, proprio perché nel nostro Paese veniva garantita una qualità più alta.

Così, nei dieci anni successivi alla crisi finanziaria, l'export italiano era aumentato del 17 per cento (mentre, come già detto, il Pil italiano era ancora del 3,1 per cento inferiore ai livelli precrisi) e negli ultimi anni anche le esportazioni del Mezzogiorno si collocavano a un tasso superiore alla media nazionale. Con il risultato che il saldo commerciale, cioè la differenza tra quanto esportiamo e quanto importiamo, era arrivato a quaranta miliardi nel 2018 e l'anno scorso aveva superato i cinquanta miliardi (quanto un paio di manovre finanziarie).

Insomma, non si poteva certo dire che le criticità poste da questa globalizzazione fossero state superate, ma nemmeno che essa rappresentasse solo un problema e non anche un'opportunità per le nostre imprese, a patto che avessero le dimensioni e la forza per essere presenti in quei mercati, o fossero comunque coinvolte come fornitrici o sub-fornitrici nella catena del valore rispetto al prodotto finale.

Se la crisi finanziaria era stata superata, se la globalizzazione del commercio mondiale aveva avuto per noi anche ricadute positive sul sistema produttivo, perché allora quelle facce tra gli addetti ai lavori? Perché quegli interrogativi su quando finisce una crisi che è già finita? Perché quella paura del futuro che sfociava spesso nella retrotopia, per citare ancora Bauman, ossia in un desiderio di passato, di ritorno al mondo precrisi? Perché il passato diventava l'unico futuro possibile e auspicabile?

Forse perché, placati la tempesta e i marosi, non riuscivamo a tracciare una rotta, non riconoscevamo i mari e le stelle e rimpiangevamo le rotte conosciute. Le tempeste passano, ma se si giunge in un nuovo emisfero, il problema è il disorientamento, lo spaesamento. Non si è più preoccupati per il rischio di marosi, ma si è paralizzati dall'assenza di punti di riferimento conosciuti. È la differenza tra rischio e incertezza.

Se dunque, terminata la tempesta, ci sentivamo in mari sconosciuti, doveva essere successo qualcosa d'altro, non poteva essere colpa della tempesta. Allora iniziai a capire che quella domanda su quando finisce la crisi e quando torneremo al mondo di prima non aveva senso se riferita alla crisi in senso stretto, ma era invece carica di significato se riferita a un fenomeno che si era mosso in parallelo con la crisi finanziaria e con la globalizzazione delle merci.

Iniziai a ragionare sul fatto che, se ci sentivamo così smarriti, era perché, mentre noi tutti eravamo concentrati a fronteggiare i venti della tempesta finanziaria e le ondate della globalizzazione, la nave nel frattempo si era mossa verso una terra incognita: quasi senza accorgercene, avevamo superato le Colonne d'Ercole. Era in corso una rivoluzione, non una crisi.

TERZA PARTE
Terra incognita

Crisi o rivoluzione? Rischio o incertezza?

Capire se siamo veramente in terra incognita o in una tempesta passeggera, per quanto forte, che si scatena in mari conosciuti, significa cercare di mettere a fuoco un aspetto fondamentale. E cioè se quello che è avvenuto possa essere considerato una crisi, seppur potente e devastante, oppure se si sia trattato di una vera e propria rivoluzione. Come vedremo, da questa differenza cruciale deriva anche una conseguenza fondamentale nelle nostre reazioni che ci aiuta a comprendere se esse siano mosse dalla paura o dall'angoscia o, per dirla in termini economici, se si sia passati nelle nostre scelte dalla valutazione del rischio all'incertezza.

Spesso rischio e incertezza vengono considerati concetti sovrapponibili, ma in realtà sono due mondi diversi, e il concetto di paura sta alla psicoanalisi come quello di rischio all'economia.

Intanto, perché il rischio nell'economia e la paura in psicoanalisi hanno anche una connotazione e una possibile ricaduta positiva: il senso del rischio ti mette in guardia e ti porta a compiere anche scelte prudenziali, sia in finanza che in economia. La banca, per esempio, tenderà ad accantonare capitale per proteggersi da operazioni rischiose (il cosiddetto capitale di rischio che porta agli accantonamenti bancari, che altro non sono che la saggezza contadina di mettere fieno in cascina per eventuali tempi peggiori). E quando questo non è avvenuto, come prima della crisi del 2008, si è generata una miscela esplosiva: la cartolarizzazione dei prestiti ha abbassato pericolosamente la soglia del rischio percepito sui crediti concessi (tanto il rischio era stato spostato e spezzettato su altri soggetti) e gli enormi guadagni che la finanza speculativa stava generando hanno contribuito a far accettare rischi sempre più alti. Insomma, l'avidità che, secondo il protagonista del film *Wall Street* Gordon Gekko, muove il mondo. Sono interessanti, a questo proposito, alcuni studi americani sulla correlazione tra l'utilizzo di cocaina nell'ambiente finanziario e l'abbassamento della percezione del rischio. Quanto all'impresa, grazie al senso del rischio valuterà con attenzione gli investimenti futuri e magari, per proteggersi dal rischio, li condividerà con un partner finanziario o si «coprirà» con strumenti assicurati (le italiane Sace e Simest altro non sono che una forma per condividere con soggetti pubblici il rischio sui crediti e sugli investimenti all'estero). Non mi voglio addentrare in meandri psicoanalitici, ma mi sembrano evidenti le similitudini con la definizione della paura come elemento positivo: la paura e il senso del pericolo che ne consegue permettono agli individui di adottare meccanismi di protezione, dal semplice attraversare la strada senza essere investiti (si fa attenzione perché si ha paura) fino al timore di morire che ci porta a prenderci cura della salute e adottare stili di vita più sani.

Ma, soprattutto, c'è un altro elemento che accomuna il rischio economico alla paura psichica: con ambedue siamo abituati a convivere perché siamo riusciti a metabolizzarli cercando di quantificarli. In economia è molto più evidente: non esiste un investimento finanziario senza rischio, ma da sempre il mercato «quantifica il rischio» dell'investimento con il cosiddetto calcolo delle probabilità.

Infatti, il rendimento di un prestito (sia obbligazione privata che titolo di Stato) altro non è che il tentativo di misurare il rischio su quel credito; più il debitore è considerato a rischio più alto è l'interesse che dovrà offrire per ottenere un credito. In economia, poi, le aziende e i grandi gruppi sono così abituati a convivere con il rischio d'impresa che è stato codificato ed esiste addirittura la figura professionale del *risk manager*. Ed esistono anche soggetti che hanno fatto di calcolo e gestione del rischio l'oggetto della loro attività economica: le assicurazioni, nate per garantire i raccolti dal rischio grandine o maltempo (si vedano i poster delle prime campagne delle Generali a fine Ottocento), vivono e guadagnano sulla capacità di quantificare il rischio del loro cliente.

Anche la psicologia ci offre una definizione simile di paura, e le migliaia di morti ogni anno in autostrada ci mettono in allerta naturalmente, ma abbiamo imparato a conviverci; è una paura che cerchiamo di gestire con un nostro calcolo delle probabilità e attraverso comportamenti dettati dalla consapevolezza del pericolo: guidando piano, mantenendo la distanza di sicurezza ecc. io cerco di ridurre al minimo il rischio di incidente, pur sapendo che non scomparirà mai del tutto. Ma ci convivo e questo non blocca il mio agire né economico né sociale né individuale.

Se però la percezione del rischio o la paura, come detto, hanno anche una valenza positiva, perché fanno mettere in atto comportamenti «protettivi» altrettanto non si può dire per l'incertezza o l'angoscia.

L'incertezza economica non può essere quantificata, con la conseguenza che diventa impossibile per noi metabolizzarla e abituarsi a conviverci. Per questo non ha alcun effetto positivo, ma solo negativo: non fa scattare comportamenti prudenziali (il senso del pericolo), bensì tende a paralizzare l'attività economica o finanziaria che smette di fare progetti o calcoli probabilistici a medio e lungo termine con il conseguente crollo degli investimenti produttivi, che si spostano verso i cosiddetti beni rifugio (la casa o l'oro), gli unici a guadagnare dall'incertezza.

In psicoanalisi si tende a usare la parola angoscia e l'esempio migliore mi è stato fornito da Umberto Galimberti: «I bambini piccoli non hanno il senso del pericolo, non hanno mai paura e infatti si mettono in grossi rischi che corrono inconsapevolmente perché non riescono mai a quantificarli. Ma lo stesso bambino che non ha il senso del pericolo, se lasciato solo in una stanza al buio, piange e si dispera non per una paura specifica, ma perché perde ogni punto di riferimento, si sente smarrito e abbandonato e questo genera l'angoscia e la disperazione del pianto».

Mutatis mutandis e senza volere forzare il parallelismo, a me sembra che l'incertezza economica assomigli molto all'angoscia psicoanalitica anche in questa totale assenza di punti di riferimento, di orizzonti pur pericolosi ma conosciuti, di mari sì tempestosi ma già solcati, di sentieri forse non privi di rischi ma già tracciati, di senso di smarrimento e di abbandono.

Un conto è procedere, pur con una tempesta improvvisa, all'interno di mappe conosciute e punti cardinali di riferimento, cercando di adottare tutte le tecniche e i comportamenti che si conoscono per ridurre al minimo il rischio; un altro è navigare sotto costellazioni sconosciute senza un'idea di dove e come sarà la costa e soprattutto senza sapere che cosa ci sarà all'interno di questa costa. È questa la famosa terra incognita, l'assenza di riferimenti e di modelli che vengono dal passato, che genera incertezza sul futuro.

Ecco perché allora diventa ancora più fondamentale capire se siamo di fronte a una crisi o a una rivoluzione, a un mondo conosciuto o a una terra incognita perché questo ci aiuterà a capire se i nostri comportamenti sono orientati dal senso del rischio o dall'incertezza, dalla paura o dall'angoscia.

«Chinati, giunco!» Ma poi passa la piena? Resistenza o retrotopia?

Il riferimento alla differenza tra paura o angoscia nasce ben prima dell'epidemia del Coronavirus, anche se essa ci ha portato in primo luogo di fronte a una grande incertezza, più che alla paura, o meglio a un grande senso di ansia collettiva, proprio perché sono sembrati mancare punti cardinali per la navigazione quotidiana.

Pensiamo a quanto è successo dopo la crisi finanziaria del 2008: la differenza può essere fondamentale, perché sbagliare l'approccio iniziale nell'affrontare un fenomeno è come sbagliare la diagnosi di fronte a una malattia. E se mi inganno su quella, sarà errata anche la cura.

Sappiamo bene che dal 2008-2009 per molti soggetti economici, e spesso anche per l'intera opinione pubblica, è iniziata un'attesa più emotiva che razionale e che potremmo descrivere con questa frase: «Chinati, giunco, che passa la piena!». In pratica: se resistiamo allo shock finanziario economico del 2008-2009, all'attacco al debito sovrano subito da alcuni Paesi europei, allo spread italiano a 500 punti, alla situazione della Grecia nel 2011-2012, prima o poi torneremo a operare e a vivere come prima.

Questo è possibile se si pensa di avere di fronte una crisi, non se si pensa di avere di fronte una rivoluzione.

La differenza tra crisi e rivoluzione è fondamentale per procedere. L'illusione del giunco che si china di fronte alla piena è anche l'illusione molto comprensibile di un ritorno a quella che io definisco l'età dell'oro. L'età dell'oro arriva, per come l'abbiamo definita nella prima parte del libro, fino al 2007-2008, nonostante stessimo già registrando qualche scricchiolio.

È una consuetudine dell'uomo. Quando si ricorda un'età molto proficua della propria vita è normale sperare che si riproponga, e quindi anche nell'agire economico, che non è certo solo un agire razionale, è umano immaginare che vi sia questa possibilità di tornare a un mondo in cui tutto funzionava meglio.

Nell'analizzare questo sentimento «nostalgico» Zygmunt Bauman è però andato oltre e, come abbiamo già evidenziato, ha coniato il termine «retrotopia» come tratto caratteristico negli ultimi anni della società contemporanea, descrivendo un'utopia che guarda al passato perché considerato più rassicurante. Il passato come luogo ideale implica quasi un rifiuto del futuro come luogo dell'incertezza e dell'angoscia: «Le speranze di miglioramento, a suo tempo riposte in un futuro incerto e palesemente inaffidabile, sono state nuovamente reinvestite nel vago ricordo di un passato apprezzato per la sua presunta stabilità e affidabilità. Un simile dietrofront trasforma il futuro, da habitat naturale di speranze e aspettative legittime, in sede di incubi: dal terrore di perdere il lavoro e lo status sociale che esso conferisce, a quello di vedersi "riprendere" la casa e le cose di una vita, di rimanere impotenti a guardare mentre i propri figli scivolano giù per il pendio del binomio benessere-prestigio, di ritrovarsi con abilità che, sebbene faticosamente apprese e assimilate, hanno perso qualsiasi valore di mercato. La via del futuro somiglia stranamente a un percorso di corruzione e degenerazione. Il cammino a ritroso, verso il passato, si trasforma perciò in un itinerario di purificazione dai danni che il futuro ha prodotto ogni qual volta si è fatto presente».

Ma un elemento altrettanto importante è la correlazione che il sociologo polacco pone tra sentimento nostalgico e retrotopico e rivoluzione: «Un'epidemia di nostalgia spesso segue le rivoluzioni, e nel caso della Rivoluzione francese del 1789 non fu solamente l'*ancien régime* a produrre la rivoluzione, ma anche la rivoluzione, per certi versi, a produrre l'*ancien régime*, dandogli una forma, un senso di compiutezza e un alone di rispettabilità».

E allora è normale chinarsi e resistere se si pensa che sia in corso una piena o una tempesta e attendere che terminino. Se però non è una tempesta, o crisi, ma una vera rivoluzione ossia una terra incognita, continuare ad attendere il ritorno al mondo precedente, al mondo conosciuto, diventa solo un atteggiamento retrotopico non costruttivo. Tanto più che restare chinati non è la migliore delle posizioni possibili nella vita.

Quando passa questa crisi? Quando torneremo all'età dell'oro?

Vediamo perché non è possibile, ma soprattutto è molto pericoloso, illudersi che ci sia un possibile ritorno all'età dell'oro e sbagliare la diagnosi tra crisi, per quanto lunga, e rivoluzione. Io faccio l'esempio di quei cinquantenni e sessantenni che ballano in discoteca con i jeans rossi come fossero dei ragazzini.

Qual è il problema? Non è andare in discoteca e divertirsi anche a cinquanta o sessant'anni, ma pensare che portare i jeans rossi di quando si aveva vent'anni faccia tornare indietro, e quindi l'incapacità di vivere la propria età e il proprio tempo storico. Tutti noi, probabilmente, abbiamo un ricordo molto bello dei nostri vent'anni, in cui tutto era possibile, tutto era un orizzonte di «magnifiche sorti», ma il fatto che si possano mettere a cinquant'anni i jeans che si indossavano a venti non vuol dire che si riesca a tornare magicamente a quegli anni.

Allo stesso modo continuare, come abbiamo fatto dal 2009-2010 in poi, a ragionare su quando saremmo tornati ad avere quei livelli di Pil pro capite e complessivo del 2008, a mio avviso rischia di essere fuorviante, perché dà per scontato che si possa, come il cinquantenne di cui sopra, tornare a quel periodo solo grazie a identici margini operativi, utili e fatturati.

Se tu non sai vivere il tuo tempo, rischi di sembrare patetico e anche di cadere nel precipizio di una prospettiva irraggiungibile. Per chi ha un'attività economica, sbagliare questo tipo di analisi significa trasformare le proprie scelte in tragedia.

Marx non a caso diceva che la storia non si ripete mai se non sotto forma di farsa, in questo caso non solo grottesca, ma anche cupa come può esserlo la tragedia.

L'errore è dovuto anche alla comunicazione di giornalisti e divulgatori che hanno continuato a ripetere «siamo a 8 punti percentuali di produzione industriale sotto il livello precrisi», dando l'idea fuorviante, a mio avviso, che bastasse raggiungere di nuovo una certa cifra di riferimento per tornare al mondo di prima.

Parlando, come ho fatto, con molti imprenditori, la situazione in realtà è chiara: prima il recupero delle attività produttive del 2008 doveva avvenire entro il 2015, poi lo abbiamo spostato al 2018, e nel 2020, prima che scoppiasse la pandemia, eravamo ancora con un Pil del 3,1 per cento inferiore a quello precrisi. Nel 2016 era ancora inferiore di oltre il 7 per cento rispetto al picco di inizio 2008. E ormai la prospettiva per il 2020 è di una calo del Pil del 10 per cento rispetto all'anno prima.

Se confrontiamo il livello della produzione industriale di oggi con quello del 2009, l'anno più buio della passata recessione, attualmente esso è inferiore, rispetto al maggio 2009, del 15,6 per cento, percentuale che sale al 32,9 per cento per i beni di consumo durevoli.

Ora, dopo l'inizio dell'effetto Coronavirus, non osiamo nemmeno pensare a quando si potrà immaginare un ritorno alle attività e ai comportamenti del 2008.

Ma la domanda che pongo è: anche se vi dicessi che nel 2024 tornerete a fare i fatturati, i ricavi e i margini che facevate prima, e tornerete ad avere nel Paese un Pil e un reddito pro capite identico in valori reali a quello del 2007, a voi cosa servirà? Quanto sarà interessante quel dato?

Davvero poco. Perché, se a distanza di quindici anni, ti dico che sei tornato al livello di ricavo, di margine e reddito pro capite del 2006 o del 2007, tu nel frattempo per sopravvivere sarai cambiato così tanto, e così tanto avrai cambiato il modello di attività economica e il tuo stesso agire come soggetto economico, che aver raggiunto quella percentuale sarà solo una notazione di carattere statistico. Usando l'esempio di prima: posso rimettere i jeans che avevo a vent'anni, sono dimagrito, sono tornato nelle misure di un tempo, ma non vuol dire che mi possa comportare come quando ero giovane.

Quindi, nell'illusione di pancia che c'è nel Paese di un ritorno all'età dell'oro, che molti datano persino a prima del 2006, c'è tutto l'approccio retrotopico che vede, per esempio, nell'uscita dall'euro un possibile raggiungimento di quell'età dell'oro, e quindi della situazione pre-'99, fermo restando che, come abbiamo detto nella prima parte del libro, vivevamo in un mondo più facile. Nessuno sta dicendo che non fosse una bella età, e potremmo passare del tempo a ragionare sulle differenze, su quanto fosse più facile sviluppare un'attività economica, quanto il mercato fosse più protetto, quanto più facile non solo trovare un lavoro ma fare carriera, quanto l'ascensore sociale fosse meno bloccato. Ma, una volta convenuto su questi aspetti, non avremmo concluso niente.

Tornando all'ipotesi del giunco che si piega quando passa la piena, occorre chiedersi innanzitutto se la piena passerà davvero, mentre si resterà comunque reclinati. Perché se non è una piena, e quindi non è una tempesta, bensì una nuova dimensione, un nuovo mare senza punti cardinali, ci si può chinare, ma restare solo chinati non è una bella posizione, né fisicamente né metaforicamente.

Questo atteggiamento retrotopico si riscontra non solo nei singoli operatori economici, ma soprattutto negli individui, poiché fa molta presa la magia del ritorno al passato con la lira, dimenticando tutto ciò che la lira ha comportato per questo Paese: razionalmente nessuno di noi pensa che la lira ci avrebbe potuti tutelare meglio dell'euro e che i nostri risparmi sarebbero stati meglio protetti, ma scatta un semplice elemento di carattere emotivo legato alla memoria, che tende spesso ad addolcire il passato.

Ci ricordiamo che con la lira non c'era concorrenza internazionale, non si era ancora sviluppata la cosiddetta turboglobalizzazione e, con un cortocircuito, pensiamo che il semplice tornare alla lira ci possa permettere di ridiventare quello che siamo stati dal 1996 al 2006.

Se non è possibile tornare indietro, però, e se dunque non si tratta di una tempesta, bisogna capire in che situazione ci troviamo.

Per escludere che sia una tempesta, cioè solo una crisi per quanto pesante, e non un nuovo orizzonte o una rivoluzione, bisogna capire le diversità tra crisi e rivoluzione e le loro rispettive caratteristiche.

Non è (solo) una crisi

Le crisi economiche, per come le ho studiate e conosciute e per come ne ho letto, hanno sempre avuto, pur nelle differenze, alcune caratteristiche comuni molto chiare: pensiamo agli shock economici del secondo dopoguerra, dalla crisi petrolifera di inizio anni Settanta a quella del fondo speculativo Long Term Capital Management degli anni Novanta, dal crollo delle «tigri asiatiche» nello stesso periodo fino all'esplosione della bolla di internet del 2001.

Esse hanno avuto un andamento che gli economisti chiamano a V o a U: possono aver portato a una caduta immediata dell'attività produttiva, recuperata in un tempo abbastanza rapido, e in questi casi si parla di curva a V; in altri casi il recupero è stato più lento, e si parla di una U. Ma la cosa più importante è che, quando poi si usciva dalla crisi, si tornava a un livello più alto di quello precedente. Quindi, se dobbiamo immaginare la crisi come una V, dobbiamo raffigurarcela come un tick di WhatsApp, il segno che mostra se un messaggio è stato letto sullo smartphone. Tant'è che, se prendiamo l'andamento dell'economia mondiale tra il 1946 e l'inizio degli anni 2000, vediamo che, nonostante alcuni scossoni dovuti alle crisi che si sono susseguite, la media complessiva è in costante crescita e questo vale anche per il nostro Paese.

Nel caso italiano, un cambiamento inizia nel 2001-2002 con un calo della produttività, ma i genitori continuano a credere che i figli avranno un futuro, una vita migliore della loro, se si comporteranno in un certo modo: «Se ti applichi e studi, avrai un lavoro migliore del mio» è il pensiero comune in un mondo in cui le aspettative erano ancora crescenti.

Infatti, tutte le crisi che si sono susseguite nel corso di questi decenni hanno riportato poi l'economia a crescere recuperando i livelli precedenti. Tant'è che alcuni economisti sono arrivati a sostenere che le crisi hanno un effetto anche benefico sul sistema economico: un po' come il corpo, che quando si ammala di influenza (il tema di questi mesi), sviluppa degli anticorpi e riparte più sano di prima, anche le crisi hanno questo aspetto positivo di permettere l'espulsione dei soggetti economici già critici e più deboli, o di metterli ai margini. Se non c'è più chi ci stava dentro con difficoltà, il sistema economico potrà ripartire con maggiore slancio o senza zavorre, quindi con degli anticorpi in più.

Un'altra caratteristica della crisi è che non colpisce tutti i settori nello stesso modo, in maniera indistinta, perché alcuni settori sono più danneggiati rispetto ad altri.

La crisi petrolifera degli anni Settanta colpisce soprattutto ciò che ha a che fare con petrolio, gas e loro derivati, per esempio i mezzi di trasporto, col conseguente aumento dell'inflazione importata, cioè l'inflazione che paghiamo non perché i cittadini vivono meglio, consumano di più e fanno aumentare i prezzi, ma perché i beni importati, subendo la variabile del costo del trasporto, con l'aumento del petrolio o del gas diventano più costosi essendo appunto i prezzi delle materie prime più alti.

Le due crisi degli anni Novanta che venivano citate, quella del Long Term Capital Management e quella delle «tigri asiatiche», hanno colpito prevalentemente il mondo della finanza e delle quotazioni azionarie.

Le due caratteristiche delle crisi, ossia il crollo dell'attività produttiva con recupero abbastanza veloce dell'attività stessa che alla fine si ricolloca a un livello precrisi e il calo dell'attività produttiva molto più forte in alcuni settori che in altri, le ritroviamo anche nell'ultima crisi, perché è stata una vera crisi quella finanziaria del 2008.

Il recupero dell'attività produttiva ai livelli precrisi era avvenuto per molte economie emergenti già alla fine del 2010.

Per quello che riguarda le economie occidentali,

la Germania aveva superato i livelli precrisi già nel 2011, come Francia, Stati Uniti e Canada. Il Regno Unito e il Giappone ne sono usciti nel 2013. Tempi più lunghi sono stati necessari per i Paesi Bassi, che hanno superato il proprio dato precrisi nel 2015. E di tempi ancora più lunghi hanno avuto bisogno i Paesi colpiti dalla crisi dei debiti sovrani nell'area euro del 2011-2012, di cui abbiamo parlato nella prima parte di questo libro, e dalle manovre all'insegna dell'austerity che hanno fatto seguito: il recupero della Spagna è avvenuto solo nel 2017 e l'Italia nel 2019 era ancora di circa 3 punti percentuali sotto il livello del 2008 (tant'è che per i Paesi mediterranei si è utilizzata la dizione di crisi a W).

Quanto ai settori colpiti anche nella crisi del 2008, vi sono state profonde differenze: come abbiamo raccontato, è stata colpita in primo luogo la fiducia tra le banche e tra gli operatori finanziari con conseguenze pesanti per i valori del settore finanziario in borsa, ma anche con l'irrigidimento della concessione di credito bancario (dai mutui per la casa ai prestiti per le imprese). C'è stato soprattutto nel 2009 un forte calo dei consumi che poi sono ripartiti lentamente, ma la crisi finanziaria ha colpito solo marginalmente e brevemente altri settori.

Se noi guardiamo all'export del made in Italy, dal settore moda a quello alimentare, dall'automotive all'arredamento, dalla nautica alla farmaceutica, superato lo shock del 2009, in cui il mondo si è fermato, hanno tutti ripreso a esportare e sono – o meglio erano, prima del Coronavirus – a livelli superiori a quelli precedenti la crisi: l'export italiano dal 2008 al 2018 è cresciuto del 16,9 per cento e l'anno scorso il saldo della bilancia commerciale aveva superato i 50 miliardi mentre quello della sola manifattura era di oltre 100 miliardi. Una caratteristica che troviamo anche, e in alcuni casi in maniera ancora più evidente, negli altri Paesi occidentali.

Ma allora, se quella del 2008 ha avuto le caratteristiche di una vera crisi, perché quella domande e quelle facce? Perché veniva chiesto ancora: quando usciremo dalla crisi? Quando si tornerà al mondo prima della crisi, se la crisi è alle nostre spalle? In aggiunta, le domande arrivavano nella stragrande maggioranza dei casi da persone che, numeri alla mano, fatturavano più del 2008...

Perché era sbagliato il termine, e se sbagli la terminologia rischi di sbagliare anche la diagnosi.

Per semplificare, e uscendo dall'ambito economico per un'istante: se un marito e una moglie discutono e litigano da sei mesi, diremmo che il loro rapporto è in crisi. Se discutono e litigano da un anno, li definiremmo in profonda crisi, se gli anni fossero tre la chiameremmo grandissima crisi, ma non esiste una coppia che possa reggere dodici anni in crisi, perché a tanto ammonta la crisi del 2008. E non potremmo definire dodici anni di scontri continui e litigi come una crisi della coppia semplicemente perché quella coppia non esisterebbe più, il rapporto sarebbe mutato in qualcosa d'altro.

Fuor di metafora, non è possibile continuare a usare il termine crisi dopo oltre un decennio dalla crisi vera, c'è qualcosa che non torna. Evidentemente già prima del Coronavirus ci trovavamo in una situazione diversa da una crisi economica. A preoccupare i miei interlocutori non era la tempesta temporanea in mari conosciuti, da cui magari si esce anche rafforzati, ma l'orizzonte incognito verso cui ci si trovava a veleggiare anche ora che il mare si era calmato. Non c'era paura per i marosi, si era retta l'onda della piena, però c'erano incertezza, angoscia e nostalgia.

Ma se non era una tempesta passeggera, se non era una crisi, che cos'era successo che ancora ci faceva sentire spaesati navigando in un mondo nuovo?

Ma allora cos'è?
È una rivoluzione, bellezza!

Da quello che sono riuscito a individuare, esiste un altro fenomeno che si studia in economia, come anche in politica e in storia: si chiama rivoluzione e ha tutt'altre caratteristiche rispetto alla crisi. Ha analizzato con profondità le rivoluzioni il filosofo Thomas Kuhn (*La struttura delle rivoluzioni scientifiche*, 1962) il quale afferma che la rivoluzione è caratterizzata dalla distruzione di tutti i paradigmi interpretativi precedenti, che è un processo in cui saltano tutti gli schemi esistenti e che non procede necessariamente per accumulazione: nelle rivoluzioni scientifiche non si aggiunge un altro mattone a quello che si è già scoperto.

Nel momento in cui Galileo scopre che è la Terra a girare attorno al Sole, tutto quello che è stato scritto in precedenza viene superato: scompare l'orizzonte tolemaico così come ogni riferimento alle teorie precedenti. Quando Isaac Newton formula la legge di gravitazione universale, qualunque teoria fisica precedente viene annullata, così come con Einstein e la scoperta della relatività e della dimensione del tempo come variabile. Ma anche nel campo della medicina, visto che siamo in un'epoca in cui assistiamo a un'invasione di opinionisti in questo ambito, è avvenuto lo stesso quando si è scoperta l'esistenza dei batteri e quindi delle infezioni: è cambiato completamente l'approccio al paziente.

In Gran Bretagna in Francia le donne non volevano partorire in ospedale perché c'era un tasso di mortalità altissimo, dal momento che, prima della scoperta dei batteri, i medici e le ostetriche non si lavavano le mani, alzando il tasso delle possibili infezioni. Un'intuizione cruciale per le svolte successive.

Questo per dire che cosa? Che nel momento in cui noi affrontiamo il tema non come una crisi, per quanto lunga, ma come una rivoluzione vera e propria, smontiamo tutti i riferimenti precedenti. Ecco perché parlo di terra incognita: perché di fronte a una rivoluzione saltano gli orizzonti, i punti cardinali, le costellazioni, l'idea stessa di avere una mappa.

Ora le rivoluzioni, per come le ho capite, hanno tre caratteristiche almeno che ho provato a chiamare le tre «i» della rivoluzione (e non me ne vogliano gli storici e i filosofi). Le rivoluzioni sono Indistinte, Irreversibili e Imprevedibili.

La prima «i»: le rivoluzioni non fanno nessuna distinzione. Funzionano un po' come una livella su tutti i settori produttivi, ed è così anche per la rivoluzione che è in atto, come vedremo, da ben prima del 2008 e della crisi finanziaria che è stata al massimo un acceleratore, ma non la causa. Non c'è nessun settore che non possa dirsi coinvolto o che affermi di poter lavorare come nei tempi pre-rivoluzione, per cui la prima caratteristica della rivoluzione è l'assenza di distinzione. Giornalisti, operatori nel mondo bancario o nel settore turistico, produttori di abbigliamento o di automobili... Potrei andare avanti con l'elenco: nessun settore o professione può chiamarsi fuori da una rivoluzione a differenza di quanto avviene con le crisi. Le rivoluzioni che abbiamo studiato hanno sempre avuto questa peculiarità.

La seconda caratteristica è l'irreversibilità. Nessuno è mai riuscito a tornare indietro da una rivoluzione. Se consideriamo le tre rivoluzioni agricole, cui fa riferimento Carlo Cipolla, non si è mai tornati indietro. Quando l'aratro in ferro sostituisce l'aratro in legno non si torna più indietro. Quando si adottano campi a rotazione e viene scoperto il maggese, non si torna indietro, e vale così anche per le rivoluzioni industriali. Ecco perché mi interessava capire se quella attuale fosse una crisi o una rivoluzione, perché, se è irreversibile, vale l'esempio che facevo dello scorrere della vita: non si va indietro, e tutto ciò che suggerisce l'idea di poter tornare a una mitica età dell'oro è una tragedia.

La terza «i» è quella più fastidiosa: le rivoluzioni sono imprevedibili. Guardiamo per esempio alla prima rivoluzione industriale. Quando vengono adottati i telai a vapore e sostituiti quelli mossi dall'uomo, nella Gran Bretagna di inizio Ottocento si scatena una rivolta chiamata luddismo, dal nome di Ned Ludd, in cui gruppi di persone che hanno perso il lavoro per colpa del telaio a vapore iniziano a girare le campagne britanniche per distruggere i telai che rubano il posto agli operai, perché quella che noi adesso chiameremmo la robotizzazione, la meccanizzazione del telaio, è più efficiente dell'uomo e costa meno.

A ben vedere, ci sono delle affinità molto forti con i timori che noi abbiamo a proposito di quanto la robotizzazione e la digitalizzazione dell'economia ruberanno in termini di posti che non riusciamo a ricreare altrove. Al momento nessuno ha ancora dato un elemento di certezza per capire se, per ogni posto distrutto dalla digitalizzazione, ve ne sarà un altro che si crea nel mondo digitale. Ci sono molte teorie sul tema, ma nulla di concreto.

L'irreversibilità vale anche per la seconda rivoluzione industriale, quando vengono utilizzate materie prime come petrolio e carbone nelle grandi fabbriche di fine Ottocento e inizio Novecento, e per la terza rivoluzione e la quarta, cui andiamo incontro.

Insomma, le rivoluzioni si inizia a capirle solo quando sono finite, gli effetti permanenti e strutturali che producono sono visibili solo dopo, non durante. Se avessimo chiesto a un parigino nel 1789 «come finirà questa rivoluzione?», il 14 luglio avrebbe detto probabilmente: «Mi sembra bene, abbiamo preso la Bastiglia». Se glielo avessimo chiesto tre anni dopo, avrebbe detto: «Insomma, bene, abbiamo tagliato la testa al re!». Se avessimo rifatto la domanda altri tre anni dopo, avrebbe risposto: «Mah, stanno tagliando le teste anche alla borghesia e all'opposizione più moderata, e a Robespierre». Qualche anno più tardi: «Ora abbiamo un imperatore».

Chi poteva immaginare che una rivoluzione che era partita con l'assalto alla Bastiglia e con il ghigliottinamento del re avrebbe avuto come grande risultato, anni dopo, l'impero di Napoleone Bonaparte? Nessuno. Chi poteva immaginare che la messa a fattor comune delle materie prime, petrolio e carbone, e le grandi fabbriche raccontate da Charlie Chaplin, l'automobile di massa, la Ford T, avrebbero generato in alcuni Paesi la più grande ondata di nazionalizzazione delle risorse stesse, che è andata sotto il nome di comunismo con tutto ciò che ne è conseguito? Nessuno poteva immaginare che quello sarebbe stato l'esito dell'industrializzazione di massa di alcuni prodotti, come l'automobile o i trattori, di fine Ottocento.

Se riprendiamo da dove abbiamo iniziato, e cioè dall'interrogativo se siamo di fronte a una paura o a un'ansia, la rivoluzione ci porta a dire che siamo davanti alla seconda: non c'è paura, in questo caso, e l'atteggiamento non è frutto di un rischio calcolabile e metabolizzabile, ma dell'ansia, dell'angoscia che deriva dall'assenza di punti di riferimento.

Il futuro non è più quello di una volta

Una buona sintesi di quanto è stato osservato è rappresentata dalla frase che lessi anni fa su un muro di Milano: «Il futuro non è più quello di una volta». Ed è proprio così, perché nel momento in cui cambiano il mare e le terre su cui si sta navigando o camminando, nel momento in cui scompaiono i punti cardinali, le mappe conosciute, è chiaro che è come se l'orizzonte si restringesse. E l'orizzonte che si restringe non è teoria, lo vediamo tutti i giorni, per esempio nelle strategie delle grandi imprese che, se una volta si basavano su piani quinquennali, adesso ne sviluppano di uno o due anni, pronte a rivederli poco dopo.

Perché quando l'orizzonte si restringe, la capacità di visione si riduce di molto, non avendo mappe e punti di riferimento rispetto a cosa ci attende. Si può parlare, usando il paragone appunto della navigazione, di «piccolo cabotaggio», cioè veleggiare cercando dei punti di riferimento sulla costa, ma senza sapere nulla di ciò che ci attende: lo scopriremo solo dopo, una volta che il percorso di esplorazione, e quindi di ridefinizione di tutti i paradigmi, sarà completato.

«Il futuro non è più quello di una volta» significa anche avere una visione a breve invece che una visione a medio-lungo termine, e quindi, a mio avviso, le rivoluzioni tendono a rendere precario il futuro.

L'elemento più forte di questa incertezza è infatti la precarizzazione del futuro: quale sarà la mia attività economica fra qualche anno? Cosa capiterà a mio figlio? Che lavoro farà, dato che non siamo ancora in grado di immaginare nemmeno la metà dei lavori futuri? La precarizzazione del futuro è anche un fenomeno generazionale, riguarda quello che io lascerò ai miei figli, ma anche come posso dare loro gli strumenti per affrontare il futuro.

Prima di questa rivoluzione, durante tutta la grande espansione fino all'inizio degli anni Duemila, era facile, c'erano i mestieri e le professioni conosciute. Ce n'erano che davano maggiore garanzia rispetto ad altri, le famiglie facevano studiare i figli con l'obiettivo delle generazioni precedenti, ossia l'affrancamento dalla condizione sociale di partenza o il mantenimento di questa se già era elevata, con la promessa ai figli che, se si fossero applicati, avrebbero raggiunto il traguardo.

C'erano dei canali, delle vie di fuga e di salvezza fatte anche di sacrificio grazie a cui si poteva immaginare che gli sforzi di anni avrebbero consentito poi ai nostri figli di studiare, professionalizzarsi e in definitiva avere un futuro migliore.

Non dico che questo avvenisse sempre, la meritocrazia era a volte una chimera e le differenze nelle condizioni sociali di partenza avevano un grosso ruolo nella velocità e nella portata dell'ascensore sociale. Ma almeno era lecito immaginarselo un percorso di futuro per le nuove generazioni.

Ora, sfido chiunque a immaginare il futuro dei propri figli.

Potremmo anche dire, come hanno fatto molti storici, che le rivoluzioni imprimono un'accelerazione alla storia: se ci voltiamo indietro e guardiamo cosa è successo negli ultimi dieci anni, capiamo che c'è stato un aumento di velocità dei processi storici. Ed è il motivo per cui, quando parlo con dei ragazzi, mi guardano come se fossi sotto l'effetto di una droga. Parlo di un mondo che per loro non esiste più, anzi, un mondo che, se hanno quindici anni, non possono nemmeno ricordare.

«Il futuro non è più quello di una volta» vuol dire non riuscire più ad avere orizzonti simili a quelli che si intravedevano un tempo o, se vogliamo usare una variante più filosofica e storica, vuol dire che c'è un cambio totale di paradigma che vale per tutti i settori e soprattutto per tutte le attività economiche. È ovvio che se si cammina o si naviga in terra incognita o in mare incognito, per capire come comportarsi si dovranno adottare strategie molto diverse rispetto a quelle adottate prima in luoghi conosciuti, per percorsi già tracciati sulle mappe. Chi racconta di sapere dove ci porterà questa rivoluzione mente sapendo di mentire. Non ho mai creduto ai futurologi. L'alto livello di incertezza è parte stessa delle rivoluzioni.

Per capire che strumenti adottare, per quanto provvisori, bisogna però cercare di comprendere almeno in che tipo di rivoluzione siamo. Non abbiamo capito sicuramente dove ci porterà e forse solo i nostri nipoti sapranno quale sarà il risultato finale di questa rivoluzione, ma la cosa più importante, almeno in questo momento, è realizzare di quale rivoluzione stiamo parlando, che cosa l'ha innescata e soprattutto da dove arriva l'esplosivo. Una rivoluzione che, ripeto ancora, non va confusa con la crisi finanziaria del 2008 e del 2009-2011, e nemmeno con un'epidemia.

È la quarta

Siamo di fronte a una quarta rivoluzione industriale. Non lo dico io: la denominazione 4.0, che va per la maggiore quando si parla del nuovo modello di industria, viene spesso confusa con il livello 4.0 di un software, e nasce dall'intuizione tedesca. Il «punto 0» è quello che permette di riconoscere la caratteristica di questa quarta rivoluzione industriale, ossia la digitalizzazione.

La prima rivoluzione industriale interessò prevalentemente il settore tessile e quello metallurgico, con l'introduzione, fra l'altro, della macchina a vapore nella seconda metà del Settecento. La seconda rivoluzione industriale viene fatta convenzionalmente partire dal 1870 con l'introduzione dell'elettricità, dei prodotti chimici e del petrolio. Ci si riferisce normalmente agli effetti dell'introduzione massiccia dell'elettronica, delle telecomunicazioni e dell'informatica nell'industria come alla terza rivoluzione industriale, il cui inizio si colloca intorno al 1950, quindi l'innovazione legata alla nascita dei computer, dei robot, della prima navicella spaziale e dei satelliti.

Ma nemmeno la digitalizzazione in senso stretto è la vera caratteristica di questa rivoluzione perché se fosse così si tratterebbe di una importantissima innovazione (digitale) che facilita processi già in essere e non un elemento che ci porta verso una terra incognita, che scardina ogni paradigma e certezza.

La rivoluzione è il web

La caratteristica di questa rivoluzione in senso stretto è il web, dove per la rete s'intende la possibilità, per la prima volta nella storia dell'umanità, di confrontare l'offerta di beni e servizi su scala planetaria indipendentemente dal luogo in cui si risiede.

Thomas Friedman, guardando anche alle implicazioni geopolitiche, lo ha definito un mondo piatto. Qui ci concentreremo più sulle conseguenze economiche e sull'incertezza che genera questa rivoluzione.

Ed è un passaggio fondamentale che affronteremo nel prossimo capitolo, ma vale la pena ricordare ancora che è la prima volta che questo accade nella nostra storia: posso paragonare l'offerta di un bene, di un servizio, e quindi un manufatto fisico ma anche un'offerta culturale, su base planetaria senza dovermi muovere da casa. E anche indipendentemente dalla lingua, visto che c'è la traduzione: è una rivoluzione che cambia i paradigmi, a partire da quello su cui si basa l'economia da quando l'ho studiata, e cioè l'incrocio domanda-offerta, e soprattutto quanto dimostrato da Daniel Kahneman, premio Nobel per l'economia nel 2002.

Prima di questa rivoluzione, infatti, chi offriva aveva più informazioni di chi domandava, e gli economisti chiamarono tale situazione «asimmetria informativa». Non è vero che, contrariamente alla teoria classica, ci sono una domanda e un'offerta che si incrociano nel migliore dei mondi possibili e determinano il prezzo di quel bene o di quel servizio. Kahneman dimostra che, in realtà, chi offre ha molte più informazioni di chi domanda.

Faccio un esempio molto banale: se devo comprare una zucchina, è ovvio che il commerciante sa esattamente quante zucchine ha in magazzino. Io no, e quindi mi devo fidare, se lui mi dice che quella è l'ultima cassa di zucchine che ha, e che il prezzo è quindi molto alto (anche se magari lui ne ha altre dieci da vendere).

Ecco, il web pone fine all'asimmetria informativa; di più: la ribalta completamente. Indipendentemente dal luogo in cui risiedo, ho potenzialmente più informazioni dell'offerente sulla merce, sul bene e sul servizio che lui mi sta offrendo, perché posso, in pochi secondi, comparare tutte le offerte presenti in quel momento di quella stessa merce.

Se aggiungiamo anche la grande riduzione dei tempi della logistica, questo pone tutti gli offerenti in competizione, o meglio, come comparabili l'uno con l'altro.

Improvvisamente posso sapere qual è l'offerta, non solo il prezzo, ma l'offerta vera e propria di tutti i soggetti che dispongono di quel bene o di quel servizio e il mio territorio di riferimento può essere il mondo.

Questo è il cambiamento di paradigma fondamentale della rivoluzione di cui stiamo parlando, che, è evidente, non c'entra con la crisi finanziaria: è arrivato prima ed è stato, come vedremo, accelerato dalla crisi stessa.

È un cambiamento radicale non solo perché provoca la fine dell'asimmetria informativa, ma perché rende tutti noi un po' schizofrenici. È una rivoluzione bellissima quando si è da questa parte del *device*, quando siamo noi a fare la domanda e a utilizzare il web, ma diventa un incubo nel momento in cui invece siamo dentro lo schermo e veniamo scelti tra altre possibili offerte. Distrugge, per dirla con Meyrowitz, il senso del luogo, le situazioni di monopolio e di oligopolio dovute anche al posizionamento geografico e le maggiori informazioni di cui disponeva l'offerente rispetto all'acquirente, insomma ribalta completamente i rapporti di forza.

Parleremo ancora di schizofrenia perché tutti noi cavalchiamo ed elogiamo questa rivoluzione nel momento in cui siamo clienti, quindi dalla parte della domanda, però la subiamo e in alcuni casi persino la rifiutiamo nel momento in cui dobbiamo essere scelti. Resta da capire quali siano i pochi punti cardinali, le poche informazioni che abbiamo a proposito di questa rivoluzione, in mappe che restano completamente incerte; e, soprattutto, dove essa ci porterà.

Ma allora la globalizzazione?

La cosa importante è provare a comprendere che cosa abbia scatenato questa rottura, questo cambiamento di paradigma che ci trasporta verso la terra sconosciuta. Come ho scritto, l'idea che questa rivoluzione si basi solo ed esclusivamente sul principio della globalizzazione, con tutti gli effetti che pure ha avuto, mi convince solo parzialmente.

Come dicevamo, la crisi del 2008 in moltissime economie era stata già recuperata nel 2010 (o nel 2011 al di là dell'Europa), e quindi pensare che sia solo la globalizzazione ad aver creato un senso di smarrimento e di incertezza nel nostro agire sociale mi lascia molto perplesso.

Infatti non è la prima volta che affrontiamo la globalizzazione nella storia dell'economia. L'abbiamo conosciuta anche in passato e da sola non basta a creare una rivoluzione. Penso al mondo rinascimentale, all'utilizzo della moneta, della partita di giro e di altre forme di credito nel Rinascimento italiano a opera dei mercanti fiorentini e senesi. Penso alla globalizzazione di Venezia e all'apertura delle rotte verso l'Oriente. Penso alla globalizzazione che si è verificata con la scoperta delle Americhe e soprattutto con il massiccio arrivo di oro, argento e materie prime dal Sudamerica. Penso anche alla globalizzazione del Seicento e del Settecento che ha avuto come protagoniste Gran Bretagna e Olanda, specialmente con la scoperta delle isole delle spezie, le Molucche. Passa l'idea che possa bastare un sacchetto di noce moscata delle isole Banda per pagare un'intera spedizione di navi e si afferma la finanziarizzazione dell'economia in Gran Bretagna, dove si scommette, con quelli che chiameremo *futures,* sul prezzo della merce: appena si intravedeva la nave entrare in porto, si iniziava a scommettere su quello che sarebbe stato il prezzo al momento dello sbarco.

Non è un caso che una delle vie principali della City di Londra sia tuttora Lombard Street, che deve il suo nome ai mercanti e banchieri lombardi. Penso alle esplorazioni dei veneziani, Giovanni e Sebastiano Caboto o Alvise da Mosto, penso a Vasco da Gama e ai grandi navigatori portoghesi, per non citare Marco Polo e la prima globalizzazione delle merci. Come è stato scritto, più che creare rivoluzioni, aumentando l'apertura dei mercati e l'interscambio si creava ricchezza e si tendeva, per esempio, a evitare le guerre.

C'è sempre stato un rapporto abbastanza chiaro

tra scambi commerciali e il rischio di un evento bellico: là dove si commercia, tendono a crearsi condizioni favorevoli alla pace per continuare a produrre ricchezza.

Penso infine alla globalizzazione causata dal colonialismo della triangolazione delle merci, per cui la Gran Bretagna, per fare un esempio, acquistava il cotone dalle colonie, lo trasformava in prodotti finiti e lo rivendeva poi nelle stesse colonie.

Ora, tutte queste forme di globalizzazione mercantile, ma anche in parte dei servizi finanziari, non si sono mai legate necessariamente a una rivoluzione. Non si sono legate alla Rivoluzione francese né alla prima o alla seconda rivoluzione industriale e nemmeno alla rivoluzione comunista: non c'era un tasso particolarmente alto di globalizzazione, così come non mi pare ci sia stato con la Seconda guerra mondiale o con i conflitti della Guerra fredda.

Questo non vuol dire – voglio essere molto chiaro – salvare la globalizzazione così com'è avvenuta. Se consideriamo la precarizzazione di alcuni lavori e l'idea di Bauman, che ho citato in precedenza, di alcuni viaggiatori che hanno beneficiato della globalizzazione e di altri sedentari e legati a un luogo che l'hanno vista arrivare minacciando reddito, posizioni, lavori e percorsi a favore delle economie emergenti, abbiamo sicuramente un elemento anche di carattere politico con conseguenze rilevanti.

Però devo anche tornare a ricordare che per esempio, da questo punto di vista, l'Italia negli ultimi quindici anni si è molto avvantaggiata dei fenomeni di globalizzazione. Se guardiamo l'export italiano del 1999 e lo confrontiamo con quello del 2016, comprendiamo che ha avuto un grosso vantaggio, mantenuto fino al 2019. L'hanno avuto pure altri Paesi, penso alla Germania, con il rapporto speciale che ha instaurato con la Cina. È ovvio che la globalizzazione abbia fatto vincitori e vinti, arricchito alcuni Paesi e impoverito altri, ma limitarsi a dire che la rivoluzione in corso è solo dovuta alla globalizzazione, vorrebbe dire – come pensa Donald Trump – che se riequilibrassimo i rapporti commerciali a favore dei vecchi Paesi occidentali e a sfavore delle economie emergenti, magari con dei dazi e con delle altre politiche, avremmo ridotto notevolmente il problema della globalizzazione.

In realtà, non so quanto possa essere contento di un mondo meno globalizzato un produttore italiano di vino, di mobili, di macchinari o di moda. Sicuramente vanno rivisti molti degli squilibri che si sono creati e che abbiamo elencato, ma non basta.

Il punto che mi interessa chiarire è che, se continuiamo a parlare della globalizzazione come elemento rivoluzionario, rimangono sospesi alcuni interrogativi. Noi viviamo, come dicevo nel capitolo precedente, in uno stato di schizofrenia costante, di fronte non alla globalizzazione ma al web, alla rete. Non c'entra con questo il fatto che alcune attività produttive di manifattura di base si siano spostate verso l'Asia.

È vero però che le rivoluzioni hanno bisogno di una miccia per esplodere. Ma la miccia è necessaria, non sufficiente: occorre la dinamite, un barilotto di polvere per accelerare il processo rivoluzionario.

La miccia: crisi finanziaria e neosobrietà

Sicuramente la miccia è stata accesa dalla crisi finanziaria del 2008-2009 perché vi fu un crollo dei consumi nella produzione industriale, superato ormai purtroppo solo da quello che è avvenuto con il Coronavirus negli ultimi mesi (la spesa media mensile per famiglia nel 2009 era pari, in valori correnti, a 2442 euro, con una variazione rispetto all'anno precedente di -1,7 per cento, nel 2008 era +0,2 per cento), e un crollo produttivo (il Pil italiano 2009 segnava: -5,3 per cento).

Buona parte delle economie ha recuperato questa caduta nei due anni a seguire, però quell'anno si è verificata una vera crisi finanziaria con tutti i crismi del caso.

Cosa è successo? Guardando quella dinamica dei consumi, come nota Giampaolo Fabris, in Italia emerge qualcosa di strano. Sicuramente si sono create forme di neopovertà. Per esempio la cassa integrazione, così come avvenuto anche con il Coronavirus, crea forme di neopovertà con caratteristiche precise: se improvvisamente il salario, o l'introito, viene ridotto del 30-40 per cento dalla cassa integrazione, o da mancati ricavi, si tenderà a tagliare le spese, anche quelle apparentemente incomprimibili o comprimibili con difficoltà, di una cifra equivalente; però, appena il salario torna al 100 per cento, anche le spese compresse tornano al 100 per cento, perché spesso erano spese relative a beni, se non di prima necessità, ritenuti necessari: dal ristorante con la famiglia a una vacanza con la compagna, dai giochi per i figli all'acquisto di un capo d'abbigliamento.

Soprattutto nel 2009 si nota che improvvisamente crollano quasi tutti i consumi, mentre nella distribuzione reggono solo gli *hard discount* e si arriva a comprare i prodotti più basilari, come la pasta, non di marca per risparmiare qualcosa.

Sempre Fabris si rende conto che in quel biennio aumentano molto invece i consumi di prodotti biologici e di altri prodotti che nulla hanno a che vedere con una neopovertà in senso stretto, come l'elettronica.

Nel 2008, la spesa per generi alimentari e bevande rappresenta, in media, il 19,1 per cento (era il 18,8 per cento nel 2007) delle uscite mensili totali, con aumenti generalizzati, a eccezione di quella per il pesce. La spesa per l'acquisto di carne si conferma la più alta tra quelle alimentari e continua a rappresentare il 4,3 per cento della spesa totale.

Continua ad aumentare la percentuale di famiglie che acquistano generi alimentari (pane, pasta, carne, pesce, frutta) presso gli *hard discount* (dall'8,6 per cento del 2006, al 9,7 per cento del 2007, al 10,9 per cento del 2008). Il supermercato rimane il luogo di acquisto prevalente (68,1 per cento, era il 67,8 per cento nel 2007), soprattutto nel Centro-Nord (superiore al 70 per cento), immediatamente segue il negozio tradizionale (63,7 per cento, era il 64,7 per cento), in particolare nel Mezzogiorno (76,2 per cento) e per l'acquisto di pane (59,4 per cento). Il 17,2 per cento delle famiglie fa spese presso ipermercati, con punte del 22 per cento nel Nord, dove questa tipologia distributiva è più diffusa. Al mercato si reca circa il 22 per cento delle famiglie del Centro-Nord (erano il 20 per cento nel 2007) contro il 33,1 per cento delle meridionali (erano il 31,4 per cento).

Nel 2009 la spesa mensile per generi alimentari e bevande rappresenta, in media, il 18,9 per cento della spesa totale (il 16,4 per cento tra le famiglie del Nord, il 24,4 per cento nel Mezzogiorno). La spesa per l'acquisto di carne rimane la più alta tra quelle alimentari (105 euro al mese) e continua a rappresentare il 4,3 per cento della spesa totale, con differenze territoriali sempre più evidenti: nel Mezzogiorno raggiunge il 5,6 per cento, nel Centro il 4,4 per cento e nel Nord il 3,6 per cento. Il 10,4 per cento delle famiglie acquista generi alimentari presso gli *hard discount*, percentuale in crescita tra le regioni del Centro (dal 9,8 per cento al 10,5 per cento). Il supermercato si conferma il luogo di acquisto prevalente (68,4 per cento), soprattutto nel Centro-nord (superiore al 70 per cento); nel Mezzogiorno, invece, ben il 76,9 per cento delle famiglie continua ad acquistare presso il negozio tradizionale, con percentuali decisamente superiori alla media per tutti i beni (pane, pasta, carne, pesce, frutta e ortaggi).

Nel frattempo, occorre notare però che gli italiani che dichiarano di consumare regolarmente cibi biologici passano dal 22 per cento del 2008 al 26 per cento del 2009 (circa il 3 per cento della spesa alimentare complessiva delle famiglie italiane). Secondo i dati Ismea, il 2010 è stato un anno positivo per i consumi di alimenti biologici con un incremento della spesa domestica in prodotti biologici dell'11,6 per cento, il più elevato degli ultimi otto anni.

Ho difficoltà a immaginare una persona in cassa integrazione, o che ha avuto una grossa riduzione del suo introito, andare a risparmiare 20 centesimi per la pasta e spendere 2 euro in più per le zucchine o il cetriolo biologico. Non trova una spiegazione razionale, un comportamento del genere da parte del consumatore.

Allo stesso tempo, faccio notare che sarebbe molto strano descrivere l'Italia e altri Paesi come neopoveri, in quegli anni e negli anni successivi, quando abbiamo assistito all'aumento costante di alcuni consumi. L'elettronica di consumo non ha mai avuto cali (il mercato italiano del settore nel 2010 vale quasi 4,3 miliardi di euro, +5,4 per cento sul 2009, nel 2018 questo stesso ambito di mercato in Italia arriva a una dimensione di circa 17 miliardi, secondo le stime di Gfk), la ristorazione ha avuto dei cali molto diversificati, e mi è difficile immaginare che un Paese neopovero come è stata rappresentata l'Italia sia contemporaneamente pronto a trasformare chef stellati di ristoranti costosissimi – dove solo per sedersi si pagano 200 euro – in nuovi guru.

C'è qualcosa che non torna e Giampaolo Fabris, purtroppo scomparso, si accorse che più che di neopovertà sarebbe stato corretto parlare di neosobrietà.

Quello che stava capitando, cioè, era che, accanto a una difficoltà nei consumi di alcune fasce di popolazione, stava cambiando il valore che i consumatori attribuivano alle cose. La neosobrietà non comporta una riduzione generalizzata dei consumi – come una livella, su tutti i tipi di consumi – bensì mantiene alcuni di essi invariati, altri li azzera e altri addirittura li fa aumentare.

Faccio un paio di esempi: nel 2008-2009 assistiamo a un crollo delle immatricolazioni auto e anche a un crollo delle vendite di abbigliamento. Venivamo da un ventennio che i sociologi dei consumi avevano definito «dei bisogni indotti». Dagli anni Ottanta in poi il nostro approccio non è stato quello di un consumo in base alla necessità, o con un vero e proprio valore aggiunto, ma motivato da un forte elemento statutario, di status sociale: un consumo ostentativo, come direbbe Thorstein Veblen, nella sua teoria della classe agiata.

Insomma, non avevamo veramente bisogno di cambiare l'auto o la moto ogni tre anni come succedeva in media, né di cambiare l'abito una volta all'anno, ma eravamo indotti a farlo perché alla ricerca di un intrinseco valore sociale.

Questo periodo di bisogni indotti è andato avanti in maniera ininterrotta anche per tutti gli anni Novanta, e le cose non cambiarono molto fino alla grande crisi del 2008. Ecco perché definisco la crisi finanziaria di quell'anno la miccia. Improvvisamente ci spaventiamo, i consumi si bloccano, ma, come detto, in maniera singolare, perché alcuni consumi in maniera apparentemente irrazionale salgono invece che calare. Da qui la battuta che si faceva: come si può dire che l'Italia sia un Paese neopovero quando ci sono le file davanti ai negozi per il nuovo modello di telefonino e i ristoranti, quelli cari, sono sempre pieni?

L’esplosivo: il web permette la ricerca del valore aggiunto

Quello che stava capitando, e che a mio avviso il Coronavirus, con gli effetti economici che avrà, metterà anche più in evidenza, è che ci stavamo spostando da bisogni indotti a un nuovo comportamento che porta a scegliere un bene o un servizio quando gli si riconosce un valore aggiunto.

Ora, bisogna intendersi. Non che anche in precedenza non vi fosse una voglia di sobrietà, o che ci si divertisse a comprare il bene con minor valore aggiunto. C’erano due variabili. Una l’abbiamo appena ricordata, l’idea del consumo capace di dare prestigio, ostentativo, che viene messa in discussione dalla crisi, la miccia. L’altra è elemento della dinamite: era in pratica impossibile per noi valutare realmente l’offerta che ci veniva proposta e capire quale secondo noi avesse maggior valore aggiunto.

Il valore aggiunto non è il costo di un bene, è il valore, in questo caso, attribuito a un bene al di là del suo costo intrinseco. Una penna può costare due centesimi, ma se quella penna diventa la penna più importante da possedere o, come dicono gli economisti, è l'unica penna che esiste sulla faccia della terra, è chiaro che quella penna aumenterà il suo valore al di là del costo intrinseco. Non è neppure solo un problema di costo. Se io ritengo che una penna valga l'altra, la pagherò poco più del prezzo di costo. Se invece ritengo che la penna abbia un valore che va al di là della semplice penna e della sua funzione di scrittura, sono disposto a riconoscere un valore aggiunto.

E qui veniamo alla dinamite, la polvere da sparo di questa rivoluzione, perché dal 1996 in poi, mentre i mercati si aprivano con la globalizzazione e con l'ingresso della Cina nella Wto, capitava qualcosa che sembrava più che altro relegato a un punto di vista tecnologico: la digitalizzazione dell'economia e la nascita della rete, del web. In realtà, a mio avviso, questo evento è stato molto più rivoluzionario della globalizzazione in senso stretto o per come l'abbiamo definita.

Non dico che la globalizzazione non abbia avuto un suo effetto importante nel creare e mutare l'orientamento culturale delle persone nei confronti dell'apertura dei mercati. Ma ci si è concentrati sempre e quasi esclusivamente sull'effetto del mercato cinese, della ridefinizione della distribuzione manifatturiera di base verso l'Asia, e della concorrenza che dall'Asia arriva rispetto ad alcuni nostri manufatti, dimenticandosi, però, che l'Italia nel frattempo è riuscita a portare verso l'alto la qualità della sua produzione, e quindi a esportare di più, anche prodotti di alta qualità. Eppure, dicevamo semplicemente che la digitalizzazione era un problema perché portava con sé il rischio di rubare posti di lavoro e che la robotizzazione metteva a repentaglio alcune professioni. Un fatto inequivocabile, anche se nessuno in questo momento può sapere quanti posti di lavoro si creeranno per ogni lavoro perso per via dell'automazione digitale. Si tratta di una partita che si sta ancora giocando e che intanto ha creato soprattutto la possibilità per le nostre imprese di avere vetrine su internet, di avere i mercati di accesso, di raggiungere i clienti in un altro modo: quindi ha creato di fatto anche altri vantaggi.

Quello che ho trovato poco utilizzato come elemento di analisi non è il porre l'attenzione sulla globalizzazione mondiale, e nemmeno sulla digitalizzazione con le conseguenze dell'automazione nelle fabbriche: è invece sottolineare l'effetto che ha il web nel rapporto tra domanda e offerta e il fatto che la rete offra all'acquirente la possibilità di attribuire il valore aggiunto comparato, valutando tutte le offerte.

L'ortolano, la zucchina e il cliente: la domanda conosce più dell'offerta

La teoria economica classica dice che il prezzo si realizza nell'incrocio tra domanda e offerta. Poi, economisti premi Nobel, come il già citato Kahneman, hanno sottolineato che non è esattamente così, perché in realtà chi offre ha più informazioni di chi compra.

È il caso dell'ortolano dell'esempio riportato sopra, che ha più informazioni di chi va da lui a comprare le zucchine. Lo stesso vale per l'acquisto di un'automobile, un cappotto, un paio di scarpe, un biglietto aereo o tutto ciò di cui non si abbia la possibilità di verificare prezzo e disponibilità.

Una volta si sarebbe potuto fare il giro dei negozi, dei concessionari, delle agenzie della città, ma non oltre, con uno spreco di tempo altissimo (e anche lo spreco di energia è un costo). Contrariamente all'idea del mercato libero in cui è possibile scegliere in base all'offerta, le nostre scelte, per dirla con Kahneman, erano guidate da un'asimmetria informativa, l'offerente conosceva molto di più dell'acquirente. Riprendendo gli esempi, dunque, l'offerente sapeva quanti biglietti aerei c'erano a disposizione, se una determinata struttura alberghiera era mezza vuota, conosceva anche la vera qualità di quella struttura rispetto alle informazioni che venivano date. Sapeva se di un certo capo d'abbigliamento aveva una scorta grossa in magazzino (a tal proposito è noto il finto stupore per il prezzo dei saldi a pochi giorni dal prezzo precedente, per quanto il negoziante potesse far crollare il margine senza fallire). Ma l'asimmetria informativa è quello che ha guidato l'approccio di questi decenni.

Ecco quello su cui vorrei porre l'attenzione. Non sulla globalizzazione: sulla digitalizzazione, che trasforma l'occupazione e distrugge ma anche crea lavoro; però sul web, ossia la rete, che nel corso di questi anni ha aumentato sempre più il suo potenziale, arrivando ormai a essere quello che conosciamo oggi.

Questo processo era già avviato nel 2001 e andava via via implementandosi. Quando arriva la crisi finanziaria nel 2008 che obbliga tutti noi a fermarci e a non consumare, la rete sta già viaggiando con una potenzialità enorme.

È di certo una rivoluzione innanzitutto scientifica e tecnica come lo furono l'introduzione del telaio a vapore o la catena di montaggio a inizio secolo, il toyotismo e la produzione in massa dei beni nel Dopoguerra. In effetti, mentre non ricordo una rivoluzione scatenata da un intensificarsi degli scambi globali, ricordo invece rivoluzioni createsi, pure a livello politico, storico e sociale, in seguito a un'innovazione tecnologica.

Una volta l'offerta, sia di carattere culturale che di beni e servizi, era molto più alta nelle metropoli che nei piccoli centri urbani. Ci si trasferiva nella metropoli per venire contaminati, in senso positivo, e avere un'offerta di vario tipo che era impensabile in un paesino dove forse non c'era neanche una libreria o una biblioteca. Oggi, un ragazzo che abita in una valle alpina, se è ben connesso alla rete, ha lo stesso tipo di accesso informativo che ha un suo coetaneo che abita a Hong Kong, New York, Londra o Milano. Può leggere le stesse cose, ha accesso alle medesime informazioni, può avere la stessa fruizione culturale di rete, ma soprattutto può scegliere i prodotti e verificare, pragonandoli tra di loro, l'offerta di beni e servizi come fa il suo coetaneo che abita in una grande metropoli. Un processo che il Covid ha reso ancora più evidente.

Per comprare un biglietto aereo su Booking.com non è importante il luogo fisico in cui si abita; per conoscere qual è l'automobile di quel tale modello che viene offerta al prezzo migliore o qual è l'automobile migliore che si può avere per un dato prezzo, non c'è bisogno di abitare in una città, e lo stesso vale per l'acquisto di beni di altro genere, di servizi finanziari assicurativi o di molto altro.

Certo, per poter fruire di un ristorante, il ristorante deve esserci. Ma quello che conta è comprendere come l'asimmetria informativa, a questo punto, si ribalta a vantaggio del cliente, non dell'offerente.

Tant'è che lo sconforto, lo sconcerto di tutti i negozianti è che nell'arco di un tempo rapidissimo, parliamo sostanzialmente di dieci o quindici anni, è cambiato il rapporto di forza. Il cliente è passato in «posizione privilegiata».

Una rivoluzione schizofrenica

Ecco perché parlo di schizofrenia: per tutti noi questa rivoluzione è bellissima finché stiamo da questa parte dello schermo e possiamo scegliere al meglio, ma diventa un problema quando siamo *dentro* lo schermo, quando siamo *noi* a essere scelti.

La schizofrenia è quella del tassista che si lamenta di Uber, ma ha appena acquistato col telefonino un volo su Booking.com. È quella dell'agente di viaggi che si lamenta del sistema di prenotazione turistica online e del trionfo dell'offerta di viaggi in rete, mentre ha appena prenotato una vettura con Uber o ha fatto car sharing utilizzando il cellulare. È anche quella del ristoratore che vive con angoscia Tripadvisor e tutta la rete come una vetrina trasparente con critiche e giudizi (e tutti sappiamo che si leggono le critiche negative più che le positive), ma è contento che la rete gli permetta di sottoscrivere l'assicurazione per la sua auto o la sua moto più conveniente sul mercato, con il maggior valore aggiunto per l'offerta che ha, senza muoversi da casa e bypassando spesso l'intermediazione di broker e assicuratori.

Questa è la schizofrenia in cui tutti noi siamo immersi che ci fa odiare non la globalizzazione, ma la rivoluzione digitale dettata dalla rete. Allo stesso tempo, però, siamo i primi a utilizzarla ogni volta che possiamo.

Mi capita spesso di chiedere: «Quand'è l'ultima volta che non avete guardato il web prima di andare in un ristorante o in un albergo che avete prenotato?».

Di solito nessuno si ricorda nemmeno più quand'è l'ultima volta che si è solo fidato del giudizio di un amico, o dell'insegna che aveva visto in strada, o di una indicazione che non arrivasse dal web.

Neanche la memoria basta più, perché se un certo ristorante o un albergo ci era piaciuto due anni fa, comunque andiamo a controllare in rete cosa è successo nel frattempo. La capacità di un confronto continuo online è più forte della fiducia nel nostro giudizio personale.

Questa è, a mio avviso, la vera e propria rivoluzione. Ed ecco perché parlo di valore aggiunto: non perché prima non ci interessasse, ma perché adesso possiamo veramente ottenerlo. Si è sempre detto: «il cliente è al centro», «il cliente ha sempre ragione». In realtà, fino a qualche anno fa non era vero, spesso l'offerente era quasi in condizioni di monopolio, per esempio se in zona era l'unica agenzia di viaggi, l'unico negozio d'abbigliamento, l'unico ristorante, o l'unico negozio di quel genere. Il principio di concorrenza era assai aleatorio, dato che non era così scontato percorrere 30 chilometri per trovare un altro ristorante simile e verificare che fosse effettivamente a maggior valore aggiunto. Adesso possiamo. Confrontiamo l'offerta, i commenti, i giudizi, che altro non sono che attribuzioni di valore, e decidiamo sulla base di un confronto spietato, che vede noi, i clienti, nella posizione di poter scegliere veramente e come mai prima, mentre l'altro, l'offerente, se non in quella di vittima, sicuramente in attesa della nostra scelta.

Questo cambia tutto anche nel mondo del B2B e del B2C, del rapporto d'affari e soprattutto del rapporto con il cliente, in un Paese come l'Italia in cui quest'ultimo spesso è stato poco considerato in molti esercizi commerciali, perché tanto il cliente da lì doveva passare, l'automobile o il maglione doveva comprarli, la pizza doveva mangiarla. E quindi l'esercente poteva permettersi margini diversi.

Il mondo nuovo è anche questo. Vorrei fare qualche esempio molto chiaro e semplice.

Non si torna indietro nel vecchio mondo

Nel 2009 scoppia la crisi, quella vera finanziaria. Come abbiamo visto, è la miccia che poi si collega all'esplosivo: nel frattempo il telefono che avevamo in mano si è trasformato in un computer, con una rete capace di offrirci un potere di confronto mai visto prima.

In quell'anno scopriamo che non aver cambiato l'auto (oppure l'abito o altro) come abbiamo fatto spesso per abitudine ha modificato di poco la nostra vita. Gli amici hanno continuato a frequentarci come prima, il matrimonio se funzionava ha continuato a funzionare e ci accorgiamo che le cose importanti sono altre. Questo è ancor più vero, a mio avviso, dopo quello che è successo con il Coronavirus, ma gli effetti li stiamo ancora vedendo. Ecco perché il 2008-2009 è stato quasi un primo test, purtroppo, rispetto a quello che sta avvenendo adesso. Allora non c'era stato il lockdown, mentre qui siamo stati obbligati a fare una riflessione su quello che veramente ritenevamo avesse un valore, e quindi quale comportamento, quale acquisto, quale fruizione di beni non di prima necessità per noi avesse un autentico valore aggiunto.

Nel 2009 e nel 2010 ci accorgiamo che la nostra vita non è cambiata granché. Realizziamo che l'automobile va ancora bene e che il nostro armadio contiene abiti a sufficienza per reggere anche quell'inverno e quella primavera.

La domanda a questo punto è: quando torneremo ai consumi precedenti la crisi? Quando torneremo ad acquistare la macchina una volta ogni tre anni, a cambiare l'abito una volta all'anno? Mai più.

Infatti non stiamo parlando di bisogni primari, si tratta in qualche modo di scelte culturali, se per cultura intendiamo l'insieme di significati e simboli che aiuta il nostro agire quotidiano.

Dunque, non è detto che si debba tornare ai consumi di prima. C'è sempre qualcuno che obietta: come è possibile – per citare gli esempi più classici – che i ristoranti stellati, di lusso, siano sempre pieni? Vedi che non c'è la crisi? Com'è possibile che ci sia la fila davanti ai negozi per l'ultimo, costosissimo modello di smartphone? E com'è possibile, aggiungo io, che per esempio il settore del lusso, non solo in Italia, sia andato molto bene?

La spiegazione che ho ricavato, sostanzialmente, è che la neosobrietà, e quindi la ricerca del valore aggiunto resa possibile dall'esistenza del web, tende anche a polarizzare molto le scelte.

Mi spiego. Nella ristorazione vanno molto bene, per esempio, le catene, i ristoranti di grande pregio, alla moda, non necessariamente stellati. Qual è il valore aggiunto che do alla catena? Non è il prezzo inferiore, perché probabilmente vicino a quel determinato ristorante di una catena napoletana o di altro genere, ce n'è uno ancora più economico. Il valore aggiunto che io vedo nelle catene è la standardizzazione dei servizi. Ogni volta che ci vado mi assicurano un servizio praticamente identico, con delle garanzie che vanno dal wi-fi, al seggiolone per i bambini, alle cameriere gentili, all'utilizzo della carta di credito; se ci torno più volte, il servizio sarà sempre lo stesso. La conferma che quel luogo è pensato per il cliente e che lì si vive un'esperienza di un certo tipo è valore aggiunto. So che se ci vado con la mia famiglia non avrò brutte sorprese. E, anzi, verrà confermato lo standard precedente.

E il plus del ristorante stellato, di lusso o alla moda? Non può certo essere il prezzo. Di sicuro influisce la qualità del cibo, ma il valore aggiunto è soprattutto di carattere sociologico. È vero che mi costerà 200 euro solo per sedermi, ma è anche vero che se cerco un'occasione speciale, magari otterrò il risultato. O, più prosaicamente, potrò vantarmi con amici e conoscenti, per tutto il resto dell'anno, di aver frequentato quel ristorante. In questo caso pagherò sì 400 euro, ma potrò «tirarmela» per un anno al modico costo di poco più di un euro al giorno. Un alto valore sociale aggiunto. Stesso meccanismo per i viaggi: posso andare a New York una volta nella vita, ma poi ne parlerò per gli anni successivi.

Nell'esempio del ristorante, chi è che muore o chi è che soffre? Chi sta in mezzo, chi era abituato a vivere per la posizione, per scelte indotte dalla prossimità, dall'incapacità e dall'impossibilità per il cliente di valutare le altre offerte, perché era la pizzeria dietro l'angolo, e non riesce né a offrire una standardizzazione del servizio nel rapporto prezzo-qualità, né a garantire una dimensione esperienziale come quella del ristorante magico o lussuoso. Nel ristorante medio posso pagare anche una cifra alta, magari il servizio è peggiore della volta scorsa e non posso nemmeno vantarmene. Manca il valore sociale aggiunto.

Esempio analogo per l'abbigliamento. Negli ultimi anni (chiaramente prima dei limiti posti dal Covid) nel settore dell'abbigliamento vanno bene Zara e H&M e va molto bene il lusso. Hanno più difficoltà i negozi di una volta, quelli per così dire di fascia media. Qual è il valore aggiunto di Zara? Non è nel prezzo, perché vicino a Zara probabilmente c'è un negozio o un mercatino che vende il maglioncino o la gonna a un costo ancora più basso.

A mio avviso, a capire per prima il valore aggiunto è stata quella clientela altoborghese che ha conosciuto la crisi soprattutto leggendone sui giornali, ma che ha iniziato in tempi non sospetti ad abbinare per esempio una gonna di Zara a una giacca di Chanel. Perché spendere 1000 euro per una giacca e 50 per una gonna invece di pagarne 500 per una gonna e 500 per una giacca, a parità di spesa?

Il valore aggiunto dell'alta moda del lusso qual è? La grande ricerca sui materiali e sul marketing, la capacità di fare tendenza, oltre che una qualità non da poco. Ma, soprattutto è un grosso investimento simbolico.

E qual è invece il valore aggiunto di Zara? Che, a distanza di due settimane dall'uscita della collezione di moda di Milano, Parigi, Londra o New York una gonna molto simile a quella che ha sfilato si troverà sugli scaffali per un costo di 40 o 50 euro, e se anche si autodistruggesse magicamente dopo sei mesi, è costata quanto otto spritz.

I giovani: i rabdomanti del valore aggiunto

L'ultimo esempio riguarda i giovani. Quando nei convegni vedo i volti del pubblico un po' smarriti dico: guardate, se non avete ben chiaro che cosa sia questa rivoluzione del valore aggiunto, parlatene con i vostri figli. Perché per loro non esiste nessuna terra nuova o incognita, per loro questo è l'unico mondo che hanno conosciuto. Per chi ha diciotto anni oggi e ne aveva sei nel 2008, quali altri mondi possono esistere? Chi ha vent'anni adesso, e ne aveva otto nell'anno della crisi, che altro mondo ha conosciuto? Per non parlare di chi adesso ha tredici, quattordici o quindici anni...

Noi abbiamo un problema nell'abituarci al mondo nuovo, nel capire come funziona, non i ragazzi che, infatti, non fanno che scandagliare ossessivamente la rete per qualunque acquisto, per vedere dove sia meglio farlo.

Ogni tanto qualcuno sbotta: «Questi ragazzi non capiscono niente. Non vogliono un'automobile, ma se non gli compri l'ultimo modello di smartphone impazziscono. Sono senza valori solidi e concreti». Siamo sicuri che sia così?

È vero che ogni anno, da sei o sette anni, registriamo un calo costante, in percentuale, nelle immatricolazioni e nei neopatentati.*

Per chi ha la mia età, la prima cosa che si faceva, appena compiuti i diciotto anni, era fare la domanda per la patente, perché l'automobile era tutto: autonomia, senso di ingresso nell'età adulta, simbolo di passaggio, di emancipazione.

Adesso i ragazzi sono poco interessati a possedere l'automobile. Se proprio devono, usano il car sharing. Vediamo di capire quale dei due beni, se l'auto o il telefonino, si muove più sul valore aggiunto. Consideriamo per esempio la Golf, la macchina più longeva della storia: una vettura di una dozzina d'anni fa, se revisionata, è molto simile a un modello di oggi, a parte quello elettrico.

Cambia un po' il design, magari non ci sarà il bluetooth, però ha quattro ruote, un motore a quattro tempi, l'airbag, l'Abs. Con una Golf di dodici anni fa si può tranquillamente andare in giro e viaggiare da Milano a Roma.

* Il numero dei diciottenni che si precipita a prendere la patente è diminuito in modo consistente: i neopatentati under 21 nel 2004 erano 743.000, nel 2013 592.000. Un calo ancora maggiore nella fascia d'età tra i ventuno e i ventiquattro anni: nel 2004 erano quasi 200.000, nel 2013 105.000, quasi il 50 per cento in meno. Nel 2016 i giovani fra i diciotto e i diciannove anni che hanno preso la patente sono stati 287.551, l'8,4 per cento in meno rispetto al 2012.

Consideriamo un cellulare di dodici anni fa: era un telefono che mandava dei messaggi di testo e, forse, navigava con estrema difficoltà in rete. Oggi un cellulare è un computer e anche una carta di credito, perché ci si possono pagare gli acquisti. È un computer che fa da telefono, una rete e un televisore, una macchina fotografica e una cinepresa, è tutto.

E allora la domanda è: chi mette più valore aggiunto nell'offerta produttiva? L'industria dell'auto, che sostanzialmente sta facendo un'automobile, a parte alcune differenze, sempre simile a se stessa, dove il vero elemento innovativo sta forse arrivando adesso con il rinnovamento nella motorizzazione? O l'industria dell'elettronica di consumo, dei telefonini, che ha trasformato quello che era un telefono senza fili in un oggetto che dentro ne ha un'infinità di altri?

I ragazzi sono nati in questa terra incognita e per loro è normale muoversi là dove c'è valore aggiunto. Trovano idiota che noi teniamo un bene come un'automobile, che paghiamo magari 20.000 euro e che si svaluta del 10 per cento appena viene acquistata e di un altro 10 per cento ogni anno, che resta la metà del suo tempo in garage o parcheggiata sul marciapiede, per cambiarla ogni tre anni solo perché è uscito un modello un po' diverso.

La questione perciò è: chi, tra padre e figlio, è più attento al valore aggiunto? La risposta mi sembra scontata.

Faccio un altro esempio. Se, quando avevamo sedici anni, dovevamo comprare un giaccone di marca, andavamo allo spaccio o all'outlet, ma poi raccontavamo di averlo acquistato in un negozio del centro dove costava di più ma che era, da un punto di vista dello status, molto più prestigioso.

Se adesso un ragazzo di 16 anni chiede a un amico: «Dove hai comprato quel giaccone?» e quello gli risponde: «Nel negozio in centro», la reazione sarà: «Ma sei matto? Online lo trovavi al 20 per cento in meno, o comunque nell'outlet X ho visto che lo vendevano al 15 per cento in meno».

Di ostentativo non c'è niente, se non la soddisfazione di riuscire a ottenere il maggior valore aggiunto dal bene e dal servizio. Ecco perché, per concludere questo capitolo, non è semplicemente una livella che uccide tutti i produttori di beni e di servizi. Ci sono i sommersi e i salvati, è una selezione.

Sommersi e salvati

Tutti i settori sono stati colpiti da questa rivoluzione, perché abbiamo detto che le rivoluzioni sono indistinte, ma poi, all'interno di ogni settore, ci sono sommersi e salvati. Se si guarda con attenzione nei singoli settori, nonostante le diversità che ci sono tra vendere un'automobile, un viaggio, un cappotto oppure offrire una cena, ci si accorgerà della differenza tra chi ha saputo trovare un valore aggiunto e chi no.

Una certa attività può anche essere il bar più vicino, la pizzeria più vicina, il negozio più vicino, ma lavorare solo con il plus della prossimità, sul lungo periodo, non basta: è un vivere sempre in concorrenza con l'online, con Amazon, con Alibaba o con un cinese che apre un bar nei pressi e magari fa pagare ancora meno il caffè.

Non ho mai visto cinesi soppiantare bar ben gestiti o ristoranti con un grande valore aggiunto. Ho visto invece molti cinesi comprare bar e pizzerie che avevano come unico valore aggiunto la prossimità o addirittura il prezzo: la pizza meno cara di tutta la zona. La distanza conta sempre meno. Il servizio di delivery fa sì che risulti irrilevante anche nella consegna del cibo, perché posso sceglierlo sulla base di quello che vedo in rete.

I vecchi schemi diventano perdenti, come la convinzione di essere ancora nel mondo dei bisogni indotti. Avere un negozio importante nel centro storico significa avere clienti che vengono a comprarsi la giacca e la camicia, ma è un mero sopravvivere, se l'unico valore aggiunto è la tua posizione geografica visto che la merce è reperibile anche sul web. Una valutazione che, a mio avviso, cambierà poco con il Covid e soprattutto con il post-Covid: stiamo riscoprendo i negozi di prossimità perché obbligati dalle limitazioni agli spostamenti ed è sicuramente un'opportunità per quei negozianti, ma se non sapranno trovare un valore aggiunto nel servizio che non sia solo di carattere geografico, l'effetto durerà molto poco visto che in parallelo sono aumentati in maniera esponenziale gli acquisti online.

Vince sempre il web? Empatia *vs* algoritmo, intelligenza emotiva *vs* intelligenza artificiale

Siamo arrivati all'ultima parte di queste considerazioni. Se trovare il valore aggiunto significa anche uscire dalla semplice prossimità, è possibile uscire pure dall'algoritmo? Dove collocarsi nella ricerca di valore aggiunto per non essere semplicemente nel *mare magnum* di chi viene scelto appunto sulla base di criteri di prossimità o sulla base semplicemente del giudizio e del paragone con tutti gli altri soggetti presenti nel mercato?

Molte volte, alla luce di questa osservazione, mi viene chiesto: «Come si fa, a questo punto, a distinguersi, quando di fronte a te c'è un algoritmo?» ossia ciò che regola le ricerche sulla rete?

Quello che si può offrire in più rispetto al funzionamento automatico della rete è l'intelligenza emotiva contro l'intelligenza artificiale. Parlando con molti esperti, tra cui il professor Federico Faggin e altri esperti di *information technology*, quello che sembra abbastanza chiaro è che, al di là delle varie definizioni di intelligenza artificiale, siamo ancora lontani dall'avere un computer o un robot che presenti una caratteristica tipica dell'essere umano e che Daniel Goleman ha reso celebre anni fa con la definizione di «intelligenza emotiva». Nel nostro caso, la descriverei più precisamente come la capacità che ha l'essere umano di essere empatico nei confronti di un suo simile.

L'empatia qui è un valore aggiunto fondamentale perché, ad andare contro l'algoritmo o mettendosi semplicemente sulla sua scia, si finirà per essere scelti sulla base di caratteristiche non definite da se stessi né necessariamente dal cliente.

Tutti gli esperti di intelligenza artificiale fanno notare quanto sia complesso l'agire umano, perché, come spiegano anche antropologi e sociologi, è un agire culturale, quindi basato sull'interpretazione e sull'attribuzione di significato ai simboli e ai comportamenti senza i quali non riusciremmo a leggere la realtà sociale.

L'essere umano è un animale culturale, come ha scritto Clifford Geertz, cioè un animale che si muove con una mappa dei significati, a differenza dell'animale non umano che invece ha nel suo codice genetico, quello che noi chiamiamo istinto, buona parte delle informazioni che gli servono per agire. Clifford Geertz fa un esempio: un gatto, che cresca in Russia o in Italia, si comporterà sempre come un gatto, anche se lo trasporto già da piccolo dall'Italia alla Russia.

L'uomo, che vive di una rete di significati culturali, invece non si comporta come un gatto. Un essere umano che nasce e cresce in Italia avrà un insieme di comportamenti, di interpretazione dei simboli e dei significati diversi dal bambino nato in Italia che venga preso e fatto crescere in Russia, perché quest'ultimo sarà culturalmente un russo, pur essendo nato da genitori italiani.

Clifford Geertz afferma che il patrimonio genetico che noi abbiamo a disposizione non ci basta per interpretare le situazioni che dovremo vivere. Ecco perché, per l'essere umano, lo svezzamento è tra i più lunghi nel mondo animale: il bambino, da quando è neonato, deve apprendere un insieme di fondamentali comportamenti culturali, cioè deve imparare a interpretare significati e simboli secondo la cultura in cui vive.

Il comportamento degli esseri umani non è quindi leggibile in un solo modo. Molto dipende dai simboli delle culture d'origine. Così, un'espressione facciale di un asiatico ha significati molto diversi rispetto alla medesima espressione di un europeo.

L'empatia è proprio ciò che permette a noi, come animali culturali, di capire se una persona sta ridendo o se ha fatto una smorfia. Empatia vuol dire mettersi al posto dell'altro ed è un atto prevalentemente culturale, il modo per riuscire a capire come sta reagendo il mio interlocutore, che sia il cliente in un ristorante o in una banca o il paziente che si rivolge a un medico. Norbert Elias parlava di coinvolgimento distaccato o di distacco coinvolto, cioè la capacità che noi abbiamo di «entrare» nell'altro.

Pensiamo al medico quando deve valutare un paziente e cercare di interpretare che cosa gli sta comunicando con quello che gli dice. Ora, se hanno ragione Geertz ed Elias e noi siamo degli animali così culturali che, per capire esattamente quello che intendiamo dire con le parole, dobbiamo leggerle all'interno di un contesto e magari anche insieme al linguaggio corporeo che le esprime, allora questo tipo di intelligenza e di empatia è possibile solo all'essere umano.

Da ciò che risulta, a oggi le macchine non sono minimamente vicine ad aver raggiunto la capacità di leggere con esattezza quelli che sono i nostri veri interessi. Il tipo di profilatura dei nostri comportamenti che compie la rete è ancora molto grezzo. A tutti noi è successo di ricevere annunci simili a un'azione che abbiamo appena realizzato. Se siamo stati a visitare un posto, ci arriva la domanda: «Ti interessa visitare un posto simile?». Se siamo stati in un ristorante, ci compare l'inserzione: «Potrebbero interessarti altri posti come questo» e così via. Vale anche per la scelta di un film o di un luogo di villeggiatura. Si tratta di una profilatura basata semplicemente su un'analisi statistico-algoritmica di quelle che sono state le mie scelte e immagini (al di là dell'ampio tema della privacy) e di quelle che potrebbero essere le repliche successive per associazione, un tipo di associazione fondata su elementi oggettivi come prezzo, posizione del luogo, tipo di cibo, ma che non dice nulla di quella che è invece la mia reale intenzione e la mia possibile richiesta. E infatti risulta spesso inutile.

Dico ciò perché, se bisogna uscire da questa vetrina in cui tutti veniamo paragonati, è ovvio che l'unico modo per aggiungere qualcosa alla semplice ricerca algoritmica è la capacità umana dell'empatia, che è valore aggiunto in senso puro.

Facciamo due esempi per capire meglio.

Se io so già esattamente dove voglio andare a mangiare, o dove voglio andare a dormire, la rete è imbattibile. Digito il nome del posto dove intendo recarmi, il tipo di automobile o il capo di abbigliamento che voglio comprare e ottengo tutte le informazioni disponibili su scala planetaria, indipendentemente dal luogo in cui risiedo, su quel tipo di ricerca. Per esempio, se cerco un ristorante vedrò tutte le valutazioni espresse dagli utenti su quel ristorante, su diversi siti. Se voglio un determinato capo di vestiario, conoscerò il suo prezzo nelle varie offerte presentate sul web. La rete è imbattibile.

Un caso diverso (sempre nel campo del commercio, ma potrebbe essere esteso al mondo della finanza e ad altri ancora, anche al giornalismo) si presenta quando cerco un ristorante romantico dove andare a cena con mia moglie o con la mia compagna, in una città che non conosco, o penso di comprarmi un'automobile o un cappotto generici, non un modello specifico, cioè tutti quei casi in cui la mia domanda non è già precostituita, chiara, indirizzata. La rete risulta spesso inutile.

Chi si mette davvero a cercare sulla rete un ristorante romantico a Roma o a Firenze, o un'automobile adatta per brevi spostamenti? Pochi, perché per via della mole di informazioni generiche, non profilate, non dettagliate, non costruite su un'esigenza personale, quella ricerca diventa ciò che gli inglesi chiamano *net fishing*, cioè una raccolta di pesce fatta con la rete a strascico in cui si impiglia di tutto: quello che è romantico per una persona non lo è per un'altra; l'automobile adatta a una breve distanza non è un concetto abbastanza chiaro per una profilatura soddisfacente, e così via.

Immaginiamo di digitare sulla barra di ricerca di Google «bella spiaggia in Grecia»: difficilmente i risultati ci saranno utili, se non per passare in rassegna delle belle immagini per ore.

La cosa migliore da fare in questi casi, probabilmente, è chiedere a un amico, a un conoscente di fiducia, cioè a persone con cui si condividono significati comuni: «Se vado in Grecia, che tipo di spiaggia mi consigli?», «Ho bisogno di un cappotto elegante ma resistente, che cosa mi suggerisci?».

Queste domande sono in definitiva una richiesta di consulenza, e la consulenza è valore aggiunto allo stato puro.

Consulenza è valore aggiunto: se è vera (empatica) batte l'algoritmo

Una consulenza, più o meno amicale ma realmente empatica, permette di nuovo di uscire dal semplice confronto sulla rete, dall'essere passivamente scelto, consente di reagire e quindi di offrire qualcosa in più, appunto valore aggiunto, che il web da solo non è in grado di dare.

Quando mi chiedono: «Bene, ma io come potrò continuare ad avere un'attività, a offrire beni o servizi, come potrò continuare a distinguermi se tanto poi devo competere con la rete?», la mia risposta è proprio questa: «Non competere solo con la rete». Perché competere con l'algoritmo non è vivere, bensì sopravvivere, senza riuscire a orientare la scelta. E da questo nasce la frustrazione, la schizofrenia di cui abbiamo parlato.

Se invece si riesce a capire che tutto ciò che è empatico non può essere fornito dalla rete, e la consulenza empatica può fare la differenza, allora da sudditi si diventa sovrani.

La questione naturalmente non riguarda solo il mondo del commercio retail, quello che interagisce con il cliente finale. Pensiamo al mondo bancario. Sono anni che alle persone che lavorano nel settore continuo a dire: attenzione, prima o poi i grandi player dell'online, i grandi soggetti della rete come Amazon o Alibaba, inizieranno a offrire servizi bancari di base alla clientela. A quel punto diventerà molto difficile per la banca competere. Se, poniamo, la tale società mi dice: «Visto che hai fatto molti acquisti col mio sito perché non depositi dei soldi? Ti faccio un tasso di interesse riconosciuto». A quel punto perché dovrei fidarmi di più della piccola banca invece che del grande colosso di internet?

È chiaro che, se questo è il futuro che immaginiamo per le banche, la rete batterà qualunque sportello. E vale per il mondo assicurativo, così come per il giornalismo.

Molti pensano che alcuni settori possano essere esclusi, ma non a caso ricordavo prima che in una rivoluzione nessun settore è in grado di chiamarsi fuori, proprio perché le rivoluzioni non operano distinzioni tra un ambito e un altro.

Consideriamo l'informazione. Fino a quindici anni fa, come giornalista, ero l'unico ad avere l'accesso alle fonti e alle agenzie. Quando arrivavo in un luogo qualsiasi, la prima domanda che mi veniva posta era: «Che cosa è successo oggi in Italia e nel mondo?».

Negli ultimi dieci anni tutti possiamo avere gratis gli aggregatori di notizie sul telefonino o sul tablet. Per cui, quando arrivo in un luogo, tutti hanno già le stesse informazioni che ho io, a volte ne hanno addirittura di più, perché magari io stavo lavorando su altro, e la domanda non è più: «Che cosa è successo oggi in Italia e nel mondo?», bensì: «Che ne pensi di quello che è successo in Italia e nel mondo?».

In questo modo posso salvarmi, come giornalista, non perché abbia il monopolio o condivida un oligopolio delle fonti informative – che non c'è più e che è stato distrutto dalla rete – ma perché non basta avervi accesso per essere in grado di sceglierne una. Non basta per capire quale, tra le centinaia di notizie, sia la più importante e come vada letta. Tutte le volte che mi viene fatta la domanda: «Che cosa ne pensi?» mi salvo la vita professionale, perché mi stanno chiedendo una consulenza e contano sul mio atteggiamento empatico. E la risposta è diversa, se la domanda mi arriva dal mio fruttivendolo oppure da qualche manager, cambia se me lo chiede un inglese piuttosto che un italiano che conosce già bene il nostro Paese: la mia risposta viene modulata in base all'interlocutore che ho davanti, la adatto scegliendo il linguaggio da utilizzare. Questa consulenza è quello che mi permette di restare in vita.

Tornando agli esempi delle banche e delle assicurazioni: non chiedo più la polizza con lo sconto maggiore o non cerco solo quella che abbia il miglior rapporto prezzo-offerta, per questo basta la rete. Invece, la consulenza di carattere bancario o assicurativo che cerco è di altro genere, voglio capire qual è il mio profilo esatto, quali possono essere le mie esigenze di investimento o di copertura assicurativa, in base alla mia età, alla situazione familiare personale, alla cultura da cui provengo, al momento che sto vivendo, cioè voglio avere un rapporto di carattere empatico.

Però la consulenza bisogna saperla fare, anche per un negozio di abbigliamento, si tratti del titolare o di un commesso: un conto è conoscere esattamente il capo che si desidera comprare, un altro è saper spiegare a chi entra in negozio che un certo capo gli sta bene o che sarebbe suggeribile uno diverso ecc. In questo caso può esserci consulenza.

Per troppi anni l'idea sottesa alla voce «consulenza», in banca, nelle assicurazioni, per i giornalisti, per il negozio d'abbigliamento e il ristorante trendy, è stata sostanzialmente vendere ciò che era più comodo per l'offerente, quello su cui si avevano maggiori margini oppure la merce che era rimasta più tempo in magazzino e così via: era una finta consulenza, il cui fine non era offrire le notizie importanti o ciò di cui il cliente aveva veramente bisogno.

L'empatia ribalta completamente il rapporto perché al centro della consulenza che ne può derivare c'è la persona, e conta innanzitutto se si è veramente empatici e in grado di mettere al centro del proprio servizio l'interlocutore.

Si tratta di pratiche talmente diffuse che a volte neanche ce ne rendiamo conto. Quando entro nel ristorante, se l'oste ha un rapporto empatico con me e non mi vuole solo vendere qualcosa – non mi tratta come selvaggina di passaggio – tenderà a dirmi: «Guarda, oggi ho questo prodotto particolarmente buono». Un negoziante di abbigliamento invece dirà: «Guarda, questa marca è particolarmente valida». Questa consulenza non mette al riparo l'esercente, ma gli fornisce un elemento in più per posizionarsi sul valore aggiunto che deve poter dare al cliente e che gli consente di non finire nel *mare magnum* della scelta orientata dagli algoritmi della rete.

L'empatia non disegna una mappa completa, ma meglio qualche stella che il buio

L'empatia mi interessa anche perché, se abbiamo detto che in terra o in mare incogniti ci sono pochissimi punti cardinali, occorre individuare almeno un elemento, una costellazione, una costa, qualcosa che possa rappresentare un punto di riferimento.

Non ho nessuna intenzione di illudere chi legge che questo sia l'unico criterio di orientamento utile, ma sono convinto che, proprio dopo la crisi del Coronavirus, il valore aggiunto diventerà ancora di più la guida delle nostre scelte economiche.

Anche perché, come si diceva in precedenza, l'obbligo forzato di restare a casa, di dover interrompere le abitudini, ci ha permesso di ragionare più profondamente su quelle che erano le nostre priorità e quali elementi nel nostro agire ci dessero veramente qualcosa in più e quali no.

Vorrei proporre però qualche ulteriore spunto di riflessione a proposito di questa terra incognita: l'elemento del valore aggiunto, l'empatia, è un elemento di speranza. Ecco perché affermo che è almeno una costellazione in cielo, o una profilatura di costa, che ci consente di governare un po' la nave. Non abbiamo risolto i problemi, in questo modo, ma almeno sappiamo di avere un punto di riferimento. È un po' come quando, fino alla metà del Settecento, si navigava senza l'uso delle coordinate di longitudine, calcolate poi grazie alla costruzione, da parte dell'inventore britannico John Harrison, di cronometri marini, orologi molto più affidabili e resistenti dei precedenti. Questa invenzione porterà poi a dividere il globo in paralleli e a ripartire la Terra in fusi orari.

Il valore aggiunto può essere quindi la latitudine, che è sempre meglio di niente anche se non può dare tutto, altrimenti non parleremmo di terra incognita e avremmo mappe e posizionamenti molto ben calcolati che ci indicano dove stiamo andando. Al netto di questo elemento in più che io vedo come riferimento, restano le riflessioni trattate nel capitolo precedente.

Sicuramente ci mancano ancora altri punti cardinali e altre mappe e continuiamo a navigare con incertezza e non con rischio, per tornare a quanto detto qualche capitolo indietro.

Al di là dello sforzo che ognuno di noi deve compiere per capire quale sia il valore aggiunto che può dare in più, e come può essere empatico nei confronti del suo interlocutore, resta davanti un mare incognito, una terra largamente sconosciuta.

Eppure continuammo a navigare e a esplorare coste ignote: l’importanza di errare

Il mare incognito e la terra incognita, nella storia delle esplorazioni, non hanno impedito ai navigatori di andare avanti.

Ma, come si diceva prima, è chiaro che una nave che procede verso coste vergini non potrà essere gestita come se navigasse verso porti conosciuti, e allora mi permetto di aggiungere qualche spunto su come procedere.

Innanzitutto permettendosi di errare, nel senso di commettere errori ma anche in quello di muoversi senza riferimenti precisi. Occorre comprendere che l’errore non è una colpa, ma fa parte del modo di agire in una terra sconosciuta.

L’errore deve essere inteso come il tentativo anche senza successo o la possibilità di fallire, e questo vuol dire sostanzialmente che si procederà per prove, per cabotaggio o piccolo cabotaggio come Giovanni Caboto, cioè guardando la costa e cercando di proseguire punto per punto. Ferdinando Magellano impiegò anni per trovare il passaggio che avrebbe poi preso il nome di Stretto di Magellano: cercando di individuare la via che collega l'Oceano Atlantico al Pacifico, spesso si era imbattuto in grandi insenature che gli avevano dato l'illusione di aver raggiunto il suo obiettivo. La delusione e lo sconforto non avevano però impedito a Magellano, così come ad altri esploratori come appunto i Caboto, o Vasco da Gama, di andare avanti procedendo per tentativi, cioè per errori successivi.

Se invece un Paese o un equipaggio perde la voglia di rischiare e quindi anche di errare, si ritaglia un futuro di inesorabile declino. Come avvenne a Venezia, quando le élite, a partire dalla nobiltà mercantile, smisero nel corso del XVIII secolo di innovare nella produzione della lana, nella costruzione delle navi (si continuarono a produrre «galere» invece che i più veloci galeoni olandesi e inglesi) e nell'esplorazione di nuove rotte, attività di cui un tempo erano stati maestri. Si concentrarono, invece, su rendite meno rischiose (terre o prestiti alla Repubblica) condannando in breve tempo la Serenissima a un rapido declino. Mutatis mutandis, il timore che il nostro Paese cada nella tentazione di tirare i remi in barca e concentrarsi sulle rendite è stato bene individuato dal sociologo Luca Ricolfi nel saggio *La società signorile di massa*.

L'orizzonte si accorcia e nessuno si salva da solo

Lo dicevamo in uno dei primi capitoli: procedendo per piccolo cabotaggio è ovvio che l'orizzonte si accorci, che non si potranno immaginare degli orizzonti lunghi, e questo è un elemento di incertezza. Orizzonte corto significa anche non riuscire a immaginare che tipo di lavoro faranno i propri figli o dove saranno le nostre imprese tra cinque anni.

Si tratta di un altro tipo di navigazione, diversa da quella di un tempo, e quindi non bisognerà sorprendersi né di andare per tentativi e commettere errori né di navigare non dico a vista, ma con un orizzonte temporale molto breve.

Un altro elemento importante lo si può trarre, questa volta, non dal contesto metaforico della navigazione, ma dall'ambito bellico o sportivo, e consiste nella disposizione a «serrare le file». Questa espressione può essere tradotta come la capacità di fare sistema, con la consapevolezza da parte di ogni attore di non essere una monade o un'isola, ma qualcuno la cui sopravvivenza dipende dal comportamento degli altri attori del sistema che, in maniera olistica, è sempre qualcosa di più della somma dei suoi componenti. Non proprio una specialità italiana.

L'equipaggio di una nave non è solo l'insieme dei singoli membri, ma è un equipaggio vero, che funziona quando tutti, dal capitano al mozzo, dal nostromo al nocchiero, lavorano in maniera coordinata per raggiungere il medesimo obiettivo e nessuno pensa di potersi salvare da solo.

Questo porta con sé un altro elemento: la fine dell'individualismo come valore. La generazione a cui appartengo, quella degli anni Ottanta e poi anche gli anni Novanta, seguiva sempre l'idea di stampo quasi calvinista «tu sei tu, tu sei l'artefice del tuo destino, il tuo destino è nelle tue mani, tu sarai quello che hai saputo costruire». La pubblicità lavorava sempre e solo sull'unicità: usa quel profumo, bevi quell'amaro e sarai unico. Milioni, decine di milioni di esseri unici.

Chiaramente non può essere così quando la nave sta viaggiando in mari sconosciuti e verso una terra incognita, perché è proprio la forza del gruppo, ossia del sistema, a determinare la riuscita della traversata o dell'esplorazione.

E qui vengo a un altro elemento: non ci sono solo la fine dell'individualismo, l'orizzonte che si accorcia e l'accettazione dell'errore. C'è anche il tema della competenza e del merito.

Competenza e merito: l'errore del singolo affonda l'equipaggio

Abbiamo visto nella prima parte che la rivolta del popolo contro le élite, nella fase finale della globalizzazione che abbiamo conosciuto, aveva dei presupposti a mio avviso corretti. Soprattutto quando non è stata garantita una globalizzazione in cui tutti potessero beneficiare almeno in parte e in maniera redistributiva della ricchezza o perlomeno sentirsi protetti dalle invasioni nel contado. Perché le cosiddette élite hanno dimostrato di non saper difendere il contado, ma di pensare solo ai propri interessi. Il rifiuto delle élite non solo tecnocratiche, ma anche di quelle della competenza, è avvenuto in tantissimi Paesi, non solo in Italia, e a una velocità che nessuno poteva immaginare. Se qualcuno mi avesse detto cinque anni fa che la Gran Bretagna, il Paese più pragmatico al mondo, sarebbe uscito dall'Unione europea infilandosi in un *cul de sac* ancora irrisolto, non gli avrei creduto. Chi poteva prevedere che gli Stati Uniti, nella parte operaia della Rust Belt, avrebbero eletto come loro rappresentante un miliardario che nulla ha a che fare con la classe lavoratrice? E potrei andare avanti con altri esempi... Non avrei creduto a quelle ipotesi e invece, puntualmente, si sono verificate.

Con questo non voglio dire che la cosiddetta rivolta del popolo contro le élite non avesse anche motivi politici validi, ma solo che ora è urgente capire che a bordo della nave, quando si viaggia verso una terra incognita, non ci si possono permettere altri criteri che non siano la competenza e il merito. Se la nave attraversa mari con fondali conosciuti, può anche andare bene che il capitano sia un figlio dell'armatore poco preparato, che il nostromo sia al suo posto perché è uno *yes man* incapace di idee proprie e che anche altri siano stati scelti per motivi che esulano completamente dalla preparazione. Questo però non può capitare quando non si conoscono i fondali e soprattutto quando, dovendo fare piccolo cabotaggio e mirare a un orizzonte vicino, si è costretti a controllare ogni dettaglio spasmodicamente ogni dieci minuti per evitare una secca, per capire la direzione, per fare dei piani, perché per tutto questo ci vuole competenza. E ci vuole spirito di gruppo, la disposizione a sentirsi tutti nella stessa barca seguendo i più capaci, perché l'imperizia di una sola delle persone coinvolte può portare alla distruzione dell'intera nave. Se il nostromo, il nocchiero o il capitano non sono stati scelti secondo criteri corretti, l'intero equipaggio è a rischio.

Quanto vale il capitano?

Viene meno però anche l'idea che vi possa essere un soggetto talmente forte e migliore degli altri da far saltare, come abbiamo visto durante le premesse della crisi finanziaria, ogni rapporto tra il salario medio e quello dei top manager. Ciò significa che è necessaria una maggiore equità nella politica delle retribuzioni, e questo non vuol dire dimenticare che a fronte di maggiori responsabilità e competenze devono essere riconosciuti stipendi più alti. Tuttavia consideriamo che negli anni Settanta, negli Stati Uniti, il salario di un top manager era di 75 volte superiore a quello di un dipendente. Negli anni Cinquanta Olivetti sosteneva che lo stipendio di un alto dirigente non dovrebbe essere più di quaranta volte superiore a quello di un suo dipendente, mentre nel 2007 un top manager arrivava a guadagnare 300 o 400 volte di più del salario medio dei suoi dipendenti. Immaginare l'esistenza di capitani che da soli valgono più di tutto l'equipaggio era una distorsione, uno squilibrio ingiustificato che ci si poteva permettere quando si navigava in acque conosciute.

Ma quando anche l'errore dell'ultimo dei marinai, o la distrazione di un sottoposto, può compromettere e far affondare l'intera nave ne consegue che una tale sproporzione è immotivata: se la responsabilità è per tutti e tutti siamo nella stessa barca, non possiamo avere una tale differenza salariale. Vanno rivisti, a mio avviso, tutti gli eccessi nel salario e nel rapporto tra top manager e dipendenti per evitare, appunto, che poi le élite di nuovo vengano accusate di pensare solo ai propri interessi, mentre nel frattempo portano la nave contro gli scogli, cosa che è drammaticamente avvenuta in alcuni casi.

Un altro elemento decisivo da considerare è quello della «selezione darwiniana».

Solo le navi grandi potranno affrontare mari sconosciuti?

In un Paese come il nostro in cui la nozione di merito si è scontrata con una cultura cattocomunista secondo la quale, in maniera distorta, essa starebbe a indicare un elemento di disuguaglianza, si pensa che «selezione darwiniana» significhi «vince chi è più forte». Da qui parte inevitabilmente un insieme di critiche e piagnistei dei soggetti più piccoli (il piccolo negozio rispetto alla grande distribuzione, la piccola impresa rispetto ai grandi colossi) mossi dall'idea che nel Paese i più deboli verranno divorati dai pesci grossi.

Darwin non ha mai detto che nei processi di selezione naturale vince la specie più forte, perché se così fosse i dinosauri andrebbero ancora in giro per il pianeta a spadroneggiare. Vince invece la specie che meglio si adatta al mutare delle circostanze esterne, e quindi torniamo ai comportamenti da assumere in questo frangente. Bisogna capire che l'orizzonte è cambiato e si è ristretto, che è mutato il fondale del mare, che non abbiamo mappe, non conosciamo la profondità dell'acqua e non sappiamo dove si trovino le secche e gli scogli, quindi chi meglio si adatta sopravvive. Non necessariamente il più grosso.

Se ci avessero detto quindici anni fa che Nokia, Ericsson e Motorola, i tre giganti della produzione di cellulari, sarebbero scomparsi dalla grande scena economica, non ci avremmo creduto. E invece è successo. Anche Ibm non ricopre più il ruolo di un tempo. Ed è il caso di notare che le prime società per capitalizzazione a Wall Street, i giganti del web come Facebook e altri, dieci o quindici anni fa erano dei nani o non esistevano proprio. Pertanto, nessun elemento empirico dimostra che il colosso vince e il piccolo perde. I colossi che si sono concentrati sulla produzione dei telefonini e non sul software che occorreva per farli funzionare hanno sbagliato strategia, mentre altri hanno intercettato quello che stava capitando. Non è quindi il caso di usare tipiche scuse all'italiana per non giocare la partita. Nessuna regola dice che una nave imponente ha più possibilità di riuscire ad attraversare un mare sconosciuto rispetto a una piccola imbarcazione. Sarebbe il caso di ricordare le dimensioni delle caravelle di Cristoforo Colombo.

Non è mai stato dimostrato che la spedizione più corposa sia necessariamente quella che funzionerà meglio: basta andare a rileggersi le storie di esploratori come Stanley, Livingstone e Brazzà, alla ricerca delle sorgenti del fiume Congo. Non è la spedizione più forte numericamente a riuscire nell'impresa, ma quella che meglio si adatta al mutare degli eventi e i cui membri sono stati selezionati con le caratteristiche che dicevo prima: merito, competenza, capacità di lavorare tutti per lo stesso obiettivo e di fare sistema.

Su questo insisto perché rappresenta un elemento di speranza per l'Italia, visto che le grandi dimensioni non sono il nostro forte mentre lo è la capacità di adattarsi, o almeno così è stato nel passato. Circola l'aneddoto per cui in ogni consiglio di amministrazione di una grande multinazionale è utile avere almeno un membro italiano perché è quello più preparato a gestire situazioni impreviste e a trovare soluzioni. Fuori da ogni retorica, siamo forse da sempre uno dei popoli con la maggiore capacità adattiva per storia e cultura, anche perché per vivere in questo Paese occorre farne uso di continuo. Tuttavia, questa non basta se non si somma all'attitudine a fare sistema e alla selezione in base al merito.

E, proprio a proposito del merito, lasciatemi dire una cosa. Quando prendevo un brutto voto a scuola e mio padre lo scopriva, talvolta partivano le punizioni, che non erano proprio da metodo Montessori. Ma sono anche stufo, da giornalista, di raccontare di continuo casi di insegnanti che vengono assaliti da genitori i cui figli hanno ricevuto un brutto voto o sono stati bocciati; perché quegli insegnanti che, nonostante lo stipendio che ricevono e l'ambiente tutt'altro che meritocratico, hanno ancora voglia di fare il loro lavoro, andrebbero innanzitutto elogiati e premiati. Non si va da nessuna parte senza prendere sul serio la meritocrazia.

Il sacrificio rende sacro

In questa logica vale la pena di tornare sul tema del sacrificio, che negli ultimi vent'anni questo Paese ha declinato in senso negativo. Vorrei che si tornasse, come ricordava il sociologo Mauro Magatti, all'etimologia della parola «sacrificio» senza fare del moralismo. «Sacrificio» deriva da «sacro». Quando ci si sacrifica per qualcosa, si rende sacro il rapporto con quella cosa. Se io non mi fossi mai sacrificato per mio figlio e mi fossi dedicato a lui solo quando non mi costava nulla, sarei oggettivamente un padre da non prendere come esempio. Se non mi fossi mai sacrificato per il lavoro, se avessi lavorato solo quando non avevo altro da fare o mi faceva comodo, non sarei un grande modello di lavoratore. Se pensiamo alle condizioni a volte disumane che hanno raggiunto esploratori e navigatori pur di riuscire ad approdare in un nuovo mondo, a conoscere terre che erano ignote, capiamo che il sacrificio è fondamentale nella logica a cui mi riferisco, una logica di gruppo e non individuale dove vengono premiati il merito e la competenza, dove si accettano l'errore e la ridefinizione dei piani e dei progetti non perché gli sbagli siano colpe, ma perché così accade in terra incognita. Il sacrificio è dunque l'altro elemento fondamentale. Vorrei non sentire più genitori che dicono dei figli «si è dovuto sacrificare per fare carriera», ma «ha reso sacro il rapporto con il lavoro»: è diverso.

Se avremo ben presenti questi ultimi elementi, non dico che la navigazione sarà facile, perché non conosco esplorazioni che siano state passeggiate o pranzi di gala. Potremo però almeno procedere con dei punti di riferimento, per quanto essenziali, in modo da ridurre il livello di incertezza ed evitare di farci prendere dal panico. Imparare a gestire i momenti difficili che stiamo attraversando può aiutarci a non subire la tempesta come legni alla deriva. Antonio Gramsci diceva che la principale caratteristica dell'interregno tra vecchio e nuovo è l'incertezza. È come guardare un largo fiume: la vecchia sponda è alle spalle, ma la nuova non si distingue ancora. Io modestamente aggiungo che questo non ha mai impedito a nessuno non solo di cercare, ma pure di approdare, finalmente, a nuove sponde.

New normality post-Covid? Crisi o rivoluzione? Ce lo siamo meritati?

Nel momento in cui questo libro viene dato alle stampe l'Europa e anche gli Stati Uniti stanno cercando di arginare quella che sembra, a tutti gli effetti, una seconda ondata di epidemia. La gestione sanitaria sarà la variabile fondamentale per capire le ulteriori conseguenze economiche sui singoli Paesi. Alcuni elementi congiunturali, quindi di breve periodo, possono però già essere stimati. Nel suo ultimo rapporto autunnale il Fondo monetario internazionale ha aggiornato le previsioni e va detto che le nuove sono migliori rispetto a quelle di giugno. La recessione in Europa dovrebbe essere di due punti inferiore al previsto e si dovrebbe andare dal -6 per cento della Germania al -12,8 per cento della Spagna, mentre Italia, Francia e Gran Bretagna si collocherebbero a metà strada con un calo del 10 per cento.

Intendiamoci: è un crollo senza precedenti, per dare un termine di paragone è doppio rispetto a quello che ci appariva già drammatico del 2009 e stando alle stime le perdite nella produzione mondiale toccheranno un livello mai visto dalla Grande Depressione del 1929 superando gli undicimila miliardi di dollari. Secondo la maggior parte dei centri studi nazionali e internazionali nel 2021 il recupero sarà forte ma parziale e ai livelli del 2019 si tornerà solo nel 2022.

Se però vogliamo applicare il metodo utilizzato da questo libro per analizzare la crisi finanziaria del 2008-2009, più che sapere quando torneremo ai livelli pre-Covid sarà importante capire come saremo e cosa saremo diventati quando torneremo a quei livelli.

In sostanza la domanda che si è posto questo libro risulterà a mio avviso ancora più attuale e stringente: avremo superato una crisi durissima o alcuni elementi scatenati dalla crisi (la famosa miccia) diventeranno strutturali e quindi rivoluzionari in quanto cambieranno i paradigmi di riferimento? Difficile in ogni caso che delle cicatrici non restino dopo una ferita così profonda, e per esempio ci vorrà tempo per riassorbire una disoccupazione che è prevista raddoppiare nei Paesi Ocse (la disoccupazione storicamente cresce in ritardo rispetto allo scoppio di una crisi, ma viene anche riassorbita più lentamente). Ed è altrettanto certo che alcune delle tendenze in atto descritte nel libro verranno accentuate e accelerate, e già il lockdown ha portato a un utilizzo del web sempre più massiccio.

Ma il ragionamento fatto nei capitoli precedenti,

a mio avviso, non cambia: la ricerca di una corretta attribuzione del valore aggiunto, resa possibile dal web, continuerà a guidare le nostre scelte economiche e la capacità empatica nei confronti del cliente (a partire dalla consulenza) resterà il modo migliore per distinguersi e creare un valore aggiunto che permetta di uscire dal «semplice» algoritmo.

In sostanza, quell'atteggiamento di neosobrietà di cui abbiamo parlato come effetto di una società postconsumistica (nel senso che avevamo attribuito al consumismo anni Ottanta, Novanta e inizio Duemila) dovrebbe essere ulteriormente accentuato, o per dirla molto meglio con le parole di Philip Kotler, i consumatori post-Covid «saranno più attenti a cosa consumano e quanto hanno bisogno di consumare e più persone cercheranno di creare un equilibrio migliore tra lavoro famiglia e tempo libero. Molti passeranno dalla dipendenza del materialismo alla percezione dell'esistenza di altri percorsi per condurre una buona vita».

È tutto da dimostrare, invece, se vi saranno altre modifiche rivoluzionarie di carattere culturale, ossia nel modo in cui attribuiamo significato alle cose.

Ho letto in questi mesi previsioni di qualunque tipo e in alcuni casi anche «palingenetiche», come se questo Coronavirus ce lo fossimo in qualche modo «meritato» visto il modello di sviluppo che seguivamo. Ho visto anche entusiastiche e secondo me pericolosamente infantili adesioni a nuovi modelli lavorativi: un conto è utilizzare sempre di più le tecnologie e i vantaggi che offrono, altro è immaginare un mondo fatto solo di *smart workers* e di videoconferenze. Al di là delle valutazioni psicologiche e sociologiche sui rapporti lavorativi, faccio notare che un modello di sviluppo può e deve essere sicuramente migliorato, ma se necessita di una modifica radicale il tempo è una variabile imprescindibile: non è possibile ridisegnare in pochi mesi i centri direzionali e urbani, dove si è investito per anni in riqualificazioni, senza creare morti e feriti in tutte le attività economiche che vi ruotano attorno, dai ristoranti ai parcheggi, dai taxi agli alberghi, magari senza che nemmeno i negozi di prossimità ne abbiano un beneficio perché il lavoratore in smart working totale ne approfitta per fare acquisti online (a vantaggio unicamente dei sempre più ricchi proprietari di Amazon, Alibaba ecc..).

A livello strutturale c'è pure qualcosa d'altro che non mi convince sul fatto che il Covid-19 possa portare a una rivoluzione, ossia a modifiche strutturali di paradigmi anche culturali.

In primo luogo, noi continuiamo a livello statistico a fare paragoni con la crisi del 2008-2009 e della Grande Depressione, ma dobbiamo tenere presente che la prima fu una crisi finanziaria da eccesso di leva e rischi connessi, mentre la seconda è stata una crisi economica da sovrapproduzione. In entrambi i casi era il funzionamento del motore economico ad aver avuto dei problemi. Questa volta no: la crisi non è scoppiata per motivi finanziari o economici, la crescita prevista per quest'anno era tutt'altro che surriscaldata e l'attività economica si è bloccata solo per motivi sanitari. Certo, conosco l'obiezione secondo cui lo sfruttamento dell'ambiente e delle risorse naturali gestito senza controllo a partire dalla Cina ha posto le basi per la contaminazione e il cosiddetto «salto di specie». Tuttavia, in attesa di sapere (se mai la Cina ce lo consentirà) come si sia propagato il contagio da animale a uomo (*wet markets* in condizioni igieniche imbarazzanti o esperimenti di laboratorio), nessuno mette in discussione la necessità di uno sviluppo maggiormente sostenibile grazie anche a un'economia più circolare, oltre che verde. Si tratta però del miglioramento di un modello che si cercava di realizzare già *prima* del Covid, non *a causa* del Covid e, se domani venisse trovato un vaccino, scomparirebbe il problema Covid, non quello di uno sviluppo più sostenibile. Del resto, anche le fabbriche nel corso del XX secolo erano migliorate rispetto a quelle di inizio Novecento e del «fumo di Londra», ma nessuno parla di rivoluzione. Infine: che la sostenibilità ambientale di un'azienda sia un valore valutato anche in termini di merito di credito finanziario non l'abbiamo scoperto certo con il Covid. In sostanza, continuo a non capire i «millenaristi», secondo i quali ci saremmo meritati la pandemia, né quale sia la palingenesi economica di cui sarebbe portatore il virus.

In secondo luogo, ribadisco che, come abbiamo descritto nei capitoli precedenti, le rivoluzioni economiche traggono sempre alimento da una rivoluzione tecnologico-scientifica (la polvere da sparo di cui sopra). Dov'è in questo caso la scoperta scientifica e tecnologica in grado di mutare i rapporti produttivi ed economici su base strutturale?

Io proprio non la vedo e non sono riuscito a trovare nessuna corrispondenza storica tra le epidemie della storia moderna (dalle ondate secolari delle peste bubbonica fino alla Spagnola del 1918) e le rivoluzioni economiche (industriali o agricole) che la storia ha conosciuto.

Una cosa è parlare di cambiamenti all'interno di un modello, che certamente vi saranno, un'altra è immaginare un processo rivoluzionario che muta il modello stesso.

Quanto alla posizione dell'Italia in un contesto post-Covid, mi sembra che presenti punti di forza e di debolezza: non mi riferisco ai soli punti di forza del *made in Italy* che resteranno né a quelli strutturali di debolezza, anch'essi già citati e che temo cambieranno solo marginalmente.

Partendo dai primi e immaginando che una delle modifiche culturali e quindi strutturali possa riguardare l'abbandono delle metropoli, o la minor attrattività delle stesse, mi sembra che per l'Italia ciò possa rappresentare davvero un punto di forza. Se l'«effetto Decamerone» (il rifugiarsi in luoghi meno abitati a causa della pandemia) dovesse scatenare una riscoperta dei nuclei urbani più piccoli, l'Italia, infatti, ne subirebbe un danno minore rispetto ad altri Paesi anche vicini. L'assenza di grandi metropoli significa anche un impatto minore sull'economia complessiva del Paese: Londra da sola rappresenta tra il 25 e il 30 per cento dell'intero Pil britannico e proporzioni simili potremmo trovare per New York o Parigi, mentre la regione urbana di Milano, pur importantissima, arriva solo al 10 per cento del Pil italiano. Di conseguenza, un venir meno delle capacità attrattive delle metropoli impatterà in misura minore sull'Italia che su altre nazioni.

Paradossalmente, quello che era stato uno dei punti di debolezza dell'economia italiana dagli anni Ottanta in poi (l'assenza di una grande metropoli e quindi della capacità di creare un'alta concentrazione di imprese, attrarre investimenti imponenti e generare nuovi progetti grazie a scambi continui di informazioni e idee) potrebbe ora essere un elemento di maggior resistenza (o resilienza, come tutti adesso amano dire).

Parallelamente a questo, la nostra struttura produttiva fatta di centinaia di migliaia di piccole e medie imprese sparse sul territorio e molto diversificate per settori, non solo dovrebbe consentire una rete di protezione più forte per il territorio economico rispetto a modelli molto più metropolitanocentrici, ma anche una maggior flessibilità e quindi capacità di adattamento. Riprendendo anche in questo caso quanto detto nei precedenti capitoli, non è la nave più grande o la specie più forte ad avere le maggiori possibilità di successo di fronte al mutare delle circostanze esterne, ma quella più flessibile e abile ad adattarsi.

Sui punti di debolezza è presto detto, e non voglio tornare su quelli classici del sistema Italia che erano ben presenti, ahimè, anche prima del Covid: dalla burocrazia inefficiente alla giustizia civile con tempi biblici, da un eccesso di rendita di posizione di alcuni settori alle dimensioni di impresa, soprattutto quanto a capitalizzazione e dove la differenza si pone tra l'essere piccoli o nani: nel primo caso le dimensioni di impresa sono corrette anche con solo cinquanta dipendenti perché si è inseriti nella filiera del valore (come fornitori, per esempio); nel secondo caso invece si è nani anche con duecento dipendenti, se i concorrenti hanno dimensioni dieci volte superiori e si opera da soli.

Mi preoccupa invece più un tratto culturale che economico, quasi di psicologia sociale: ho il timore che in parti del nostro Paese si abbia paura ad accettare la sfida che inevitabilmente una terra incognita porta con sé, il tentare e ritentare a costo di fallire senza che questo diventi un marchio, una lettera scarlatta. Mi preoccupa un Paese che (secondo il famoso parallelismo con la nazionale di calcio) tende a giocare bene solo quando è sotto pressione, in emergenza, per poi rilassarsi e tornare a vecchi vizi e abitudini non appena la tempesta è apparentemente finita, dimenticando che questa volta non esistono scorciatoie, che «essere bravi nello scritto oltre che nell'orale» necessita di costanza e dedizione, non solo di colpi di genio e scatti in avanti di breve respiro.

Non ce lo possiamo permettere: per i nostri figli e nipoti che, inconsapevoli, abbiamo traghettato in questo nuovo mondo.

Riferimenti bibliografici e letture consigliate

Jean-Michel Barrault, *La terra è rotonda. Magellano: il viaggio delle meraviglie*, Raffaello Cortina, Milano 1998.

Zygmunt Bauman, *Homo consumens. Lo sciame inquieto dei consumatori e la miseria degli esclusi*, Erickson, Trento 2007.

Zygmunt Bauman, *Dentro la globalizzazione. Le conseguenze sulle persone*, Laterza, Roma-Bari 2007.

Ian Bremmer, *Noi contro loro. Il fallimento del globalismo*, Università Bocconi Editore, Milano 2018.

Carlo Calenda, *Orizzonti selvaggi. Capire la paura e ritrovare il coraggio*, Feltrinelli, Milano 2018.

Carlo M. Cipolla, *Uomini, tecniche, economie*, Feltrinelli, Milano 1966.

Richard Dobbs, James Manyika e Jonathan Woetzel, *No Ordinary Disruption: The Four Global Forces Breaking All the Trends*, Public Affairs, New York 2015.

Norbert Elias, *Che cos'è la sociologia?*, Rosenberg & Sellier, Torino 1990.

Thomas L. Friedmann, *Il mondo è piatto. Breve storia del ventunesimo secolo*, Mondadori, Milano 2006.

Francis Fukuyama, *La fine della storia e l'ultimo uomo*, Rizzoli, Milano 1992.

Clifford Geertz, *Interpretazione di culture*, Il Mulino, Bologna 1987.

Thomas S. Kuhn, *La struttura delle rivoluzioni scientifiche*, Giulio Einaudi, Torino 1969.

Christopher Lasch, *La rivolta delle élite. Il tradimento della democrazia*, Neri Pozza, Vicenza 2017.

Robert B. Reich, *Supercapitalismo. Come cambia l'economia globale e rischi per la democrazia*, Fazi, Roma 2008.

Luca Ricolfi, *La società signorile di massa*, La nave di Teseo, Milano 2019.

Dani Rodrik, *La globalizzazione intelligente*, Laterza, Roma-Bari 2015.

Giulio Sapelli, *Oltre il capitalismo. Macchine, lavoro, proprietà*, Guerini e Associati, Milano 2018.

Donald Sassoon, *Sintomi morbosi. Nella nostra storia di ieri i segnali della crisi di oggi*, Garzanti, Milano 2019.

Joseph E. Stiglitz, *I ruggenti anni Novanta. Lo scandalo della finanza e il futuro dell'economia*, Einaudi, Torino 2004.

Vito Teti, *Prevedere l'imprevedibile. Presente, passato e futuro in tempo di Coronavirus*, Donzelli, Roma 2020.

Gianni Toniolo, *E Venezia perse il mare*, «Il Sole 24 Ore», 5 giugno 2005.

Adam Tooze, *Lo schianto. 2008-2018: come un decennio di crisi economica ha cambiato il mondo*, Mondadori, Milano 2018.

Thorstein Veblen, *La teoria della classe agiata. Studio economico sulle istituzioni*, Einaudi, Torino 1949.

Indice

Finito di stampare nel mese di novembre 2020
per conto di RCS MediaGroup S.p.A.
da Grafica Veneta S.p.A., Trebaseleghe (PD)
Printed in Italy